JN068871

プラクティカル 原価計算

Practical Cost Accounting

園田智昭［著］

Sonoda Tomoaki

中央経済社

はじめに

このテキストは，原価計算と工業簿記の初級と中級の内容を説明した入門的な教科書であり，この分野を初めて体系的に学習する学生と社会人の両者を読者の対象として考えています。簿記の検定試験や公認会計士試験の勉強をしている学生であれば，難しい計算問題は解けるかもしれません。しかし，多くの学生はパターンで問題を解いており，なぜそのような計算をするのか，理由まで理解している人は少ないようです。学習した原価計算が，実務でどのように適用されているのか，イメージすることが難しいことも，原価計算の理解を妨げている要因の1つであると思います。

本書では，理論を説明するだけではなく，学習した理論を実務に役立てられるように，理論と実務の橋渡しを意識した補足的な説明を行い，また実務にヒントを得た問題を作成しました。そのため，Practical（実務的な）という言葉を添えた，『プラクティカル原価計算』を本書のタイトルとして選択しました。本書の主要な読者は，授業でこのテキストを使っている大学生になりますが，単に理論や計算を学習することで満足するのではなく，卒業後の仕事での利用を意識しつつ本書を学習して頂きたいと思います。また，自社で行っている原価計算の手順は知っていても，原価計算の体系を学習したことがない実務家にとっても，自分の仕事を見直すきっかけとして本書を役立てることができます。

本書では，読者の学習効果を高めるために，以下に示す4つの工夫をしています。

① 書籍の大きさをB5判にし，Exercise に解答欄を設けました。

原価計算を習得するためには，理論だけではなく計算も学習する必要があります。本書では Exercise に解答欄を設けることで，自分で解答欄を作成する手間を省きました。また，本のサイズをB5判にすることで，解答欄を大きくして数字を書き込みやすくするとともに，授業での書き込みに便利なように，全体的に余白を多くとっています。

② 平易な文章にして，イラストをつけました。

高校までの教科書と違い，大学の教科書は難解な文体で書かれているために，そこでつまずく学生が多くいます。本書では，文章を「です・ます調」にするとともに，平易な説明を心がけイラストもつけました。また，例題を多く掲載し，問題の解説を読む形式で学習できるように工夫しました。さらに，図表の見方や数式の展開についても，本文中で丁寧に説明をしました。

③ One Point，Key Word，コラム（Focus）を設けました。

本文に関連しているものの，本文に入れると冗長になる内容は，One Point として別途説明しました。また，学生から要望が多くあった Key Word を，各章の最後にまとめました。さらに，各章に関連したコラムを Focus で書くことで，読者が興味を持てるように工夫しました。

④　章末の練習問題の量を充実し，知識の定着を図れるようにしました。

章末の練習問題（Exercise）の問題数は5問とし，バラエティに富んだ問題を解くことで，知識の定着を図れるようにしました。1問目の穴埋め問題を解くことで，学習した専門用語を定着させ，2問目以降は例題と同じレベルの計算問題，多少レベルを上げた計算問題，説明問題など，さまざまな形式の問題を作成しましたので，原価計算をより深く理解する手助けになると思います。

テキストの問題に解答がついていないと，やる気がおきないものです。本書では，4問目までは解答をつけるだけではなく，極力解説も充実させています。説明問題の解答については，条件や発想を変えることで，別の説明ができる場合があるかもしれません。本書の解答と解説をたたき台にして，より突っ込んだ検討をして頂ければ幸いです。

5問目はレポート用問題ですが，前著の『プラクティカル管理会計』と同様に，バジェタリースラックという架空の劇団を舞台にした続き物の問題にしていますので，問題文を読むだけでも，原価計算の実務への役立ちを理解できると思います。解答はつけていませんので，先生方が授業で学生用の課題として使ってください。

本書は公認会計士の試験勉強のために使うこともできます。私自身が学者であると同時に公認会計士でもあるので受験生の気持ちはわかりますが，計算問題をがむしゃらに解いて満足している学生を見ると，試験に合格することだけを目標にするのではなく，合格した後の自身の競争力を高めるために勉強してほしいと常々思っていました。単に計算手法に数値を当てはめて正解を求めるのではなく，計算の背後にある理論を理解するとともに，計算後の改善活動など，学習した内容を実際に利用することを想像しながら，本文をしっかり読み込んでほしいと思います。原価情報の利用者または利用部門のニーズによって，提供する情報をアレンジする応用力が実務では求められます。『プラクティカル管理会計』とあわせて学習することで，学習の効果も一層増すことと思います。本書により，1人でも多くの人が原価計算について理解を深めることができれば，筆者にとって望外の喜びです。

本書の出版を快諾して頂いた中央経済社ホールディングスの山本継会長，山本憲央社長，中央経済社の小坂井和重取締役，学術書編集部の田邉一正氏に厚く御礼申し上げます。特に田邉さんには，執筆が延び延びになり大変ご迷惑をかけたにもかかわらず，辛抱強く筆者を励ましてくれました。心より御礼申し上げます。なお，本書のイラストは，前著と同じく次女の優佳が描いてくれました。優佳，ありがとう！

2021年9月

園田　智昭

目　次

第1章 原価計算とは

1 原価と費用の違いについて

① 原価と費用

原価計算（Costing）は，製品を製造するときや，サービスを提供するときに発生した原価を計算する手法です。原価を意味する英語をそのまま発音した**コスト**という言葉は，日常生活では費用と同じ意味で使われていますが，正確には両者は異なる意味を持っています。本書では，**原価**（Cost）を，売上の獲得と費用性資産の取得のために使用した金額として定義します。費用性資産とは，最終的には費用に振り替えられる資産のことであり，代表的な費用性資産としては，販売により売上原価とされる棚卸資産と，減価償却の対象となる固定資産をあげることができます。費用性資産の取得には，自社で製造する場合と，他社から購入する場合の両者のケースがあります。

一方，**費用**（Expense）は，売上だけではなく，営業外収益などの収益全般を獲得するために犠牲になった（使われた）ものの金額を意味しており，そのうち，売上の獲得のために使用した金額である売上原価と販売費及び一般管理費（販管費）だけが原価となります。一般管理費の中には，営業活動とは直接的な関係がない費用も多くありますが，企業という組織を維持するために必要とされるので，間接的に売上の獲得に貢献していると考えます。それに対して，営業外費用は，販売活動ではなく資金調達に関係した費用であり，売上ではなく営業外収益に対応する費用ですので，原価には該当しません。

図表1－1 原価と費用の関係①

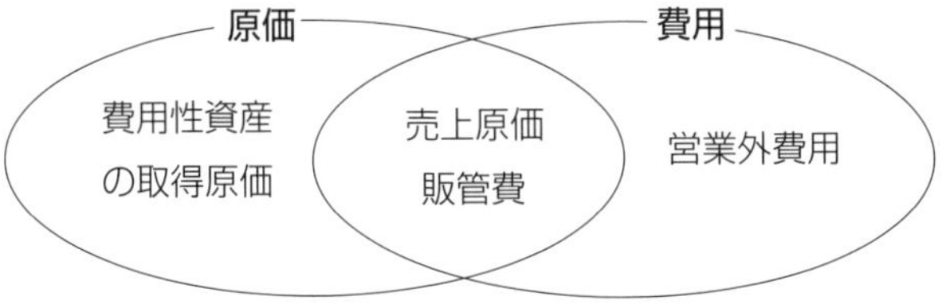

ここまでをまとめると，**図表1―1**に示すように，売上原価と販売費及び一般管理費は原価かつ費用に分類されます。そして，費用性資産の取得原価は原価ですが費用ではなく，営業外費用は費用ですが原価ではないことになります。

② 製造原価と売上原価

図表1―2では，製品，固定資産，販売費及び一般管理費について，原価と費用の関係を示しています。製品という資産を取得するために，製造活動で使用した財貨や労働力などの金額を**製造原価**といいます。製品の製造原価を**製品原価**と略す場合もありますが，原価計算では，製造原価の金額と同等の価値を製品が持つと考え，これらの活動のために発生した材料費，労務費（人件費），経費の金額を計算し集計します。企業がその製品を販売したときに，その対価として収益（売上）を得る代わりに，資産として所有していた製品を失います。このときに，資産としての製造原価（製品を製造することで発生する原価）は，販売までは製品という資産の原価であり，販売後は売上を得るために犠牲にした費用としての**売上原価**に変化します。

図表1―2 原価と費用の関係②

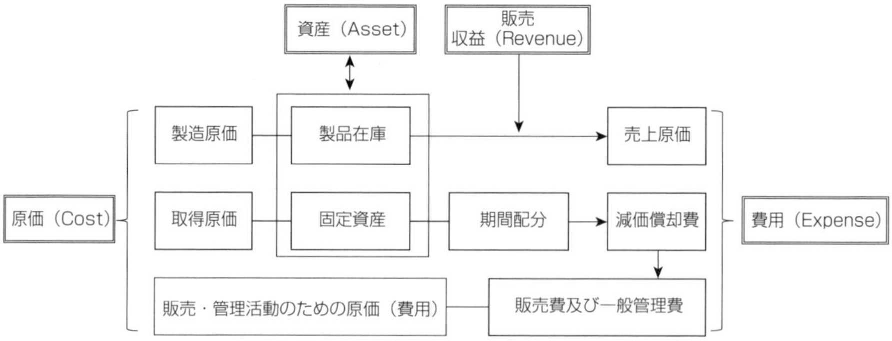

取得原価という用語は，製造した製品にかかわらず，販売用の商品や固定資産など，将来的に費用化される費用性資産を取得するための対価を意味する，より一般的な用語です。スーパーマーケットやデパートなどの流通業では，他社が製造した製品を販売することで売上を計上し，サービス業ではサービスを提供することで売上を計上します。この場合，販売した商品の取得原価（仕入金額）や，サービスを提供するために発生した金額が売上原価になります。

固定資産の取得原価は，減価償却を行うことで期間配分され，減価償却費として毎期規則的に費用処理されます。減価償却費を含む販売費及び一般管理費は，営業活動を行って売上を獲得するために必要な費用ですので，費用であると同時に原価でもあります。販売費及び一般管理費は，発生した期の費用としますので，製品原価に対して**期間原価**と表現されます。

One Point：有価証券と土地の取得原価

有価証券は貨幣性資産ですが，「金融商品に関する会計基準」の16項から18項では，有価証券の購入時に支払った金額を取得原価と表現しています。土地については減価償却は行いませんので費用性資産ではありませんが，購入金額は取得原価と表現されます。

有価証券や土地を売却した場合，売却額と購入金額の差額を売却損益として計上します。このような計算を行うため，有価証券や土地の購入額を，売却額を得るための犠牲と考えて，原価と表現しているのではないかと推測します。ただし，損益計算書には差額の売却損益のみ計上しますので，製品原価とは異なり，有価証券と土地の購入額は，売却時に費用には計上しません。

2　製造プロセスと原価計算

①　製造プロセスと製造原価

原価計算を理解する前提として，工場で行われている製造活動の流れを知っておく必要があります。製造業（メーカー）では，外部のメーカーから購入した材料や部品を加工し組み立てることで製品を製造します。**図表１―３**は，外部の鉄鋼メーカーから購入した金属板を材料として，労働者が製造機械を使用して加工・組立を行い，スチール製の棚を製造するプロセスを示しています。

図表１―３　製造プロセスの概略

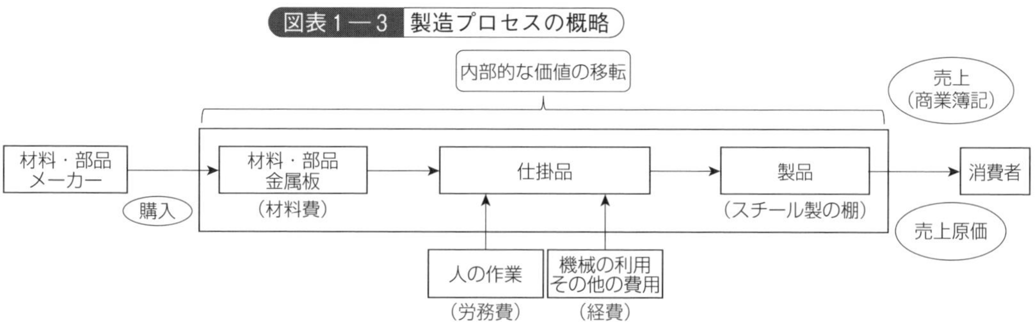

図表１―３の中央にある**仕掛品**（しかかりひん）は製造途中の製品を，仕掛品の次のプロセスの**製品**は完成品を意味しています。材料の金属板（材料費），労働者の労働（労務費），製造機械の減価償却費（経費）などが，製造プロセスを通じてスチール製の棚に**価値移転**し，それらの合計の金額が完成品の製造原価になります。このように，製造原価には，使われた材料の購入金額だけではなく，製造のために必要な労務費と経費も加算されます。

② 製造プロセスの分割と工程

図表1－4は，製造プロセスの前後を含めて，作業の流れをいくつかのまとまり（**工程**）に分解しています。購入した金属板は一度倉庫に保管され，製造プロセスの必要に応じて，倉庫から工場に材料として搬出されます。この工場の製造プロセスは，作業ごとに区分された部品製造工程，組立工程，仕上工程の３つの工程に分かれています。部品製造工程では金属板を適切な大きさに切断し，組立工程でそれを棚に組み立てて接合し，仕上工程で塗装して，傷等がある場合に補修をします。

図表１－４ 製造関連プロセス

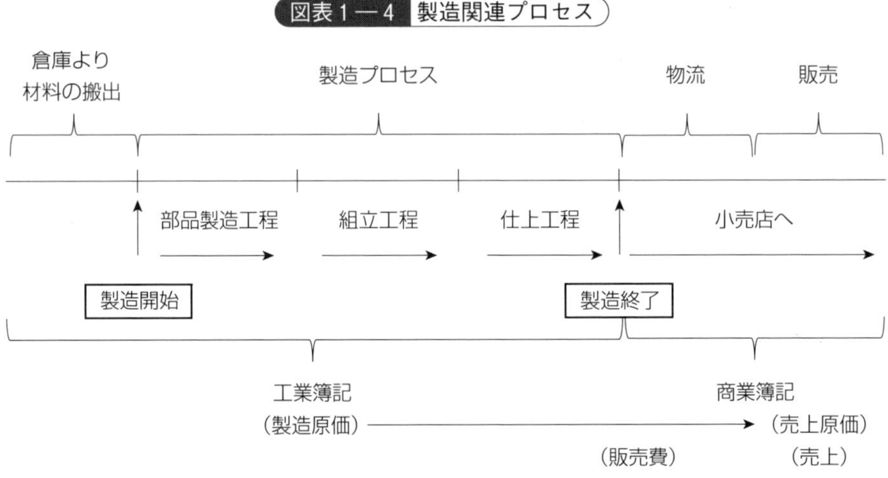

簡単な原価計算では，製造プロセス全体をまとめて製造原価を計算しますが，正確性を高めるためには，部門別または工程別に計算を行い，製造工程ごとに原価を計算します。スチール製の棚を１つ作るために部品製造工程で10,000円，組立工程で12,000円，仕上工程で5,000円の原価が新たに発生したとすると，製造原価は合計額の27,000円になります。完成品はホームセンターなどの小売店に出荷され，消費者に販売されます。小売店に出荷した段階で，この会社では売上と売上原価を計上します。この棚の販売価格を35,000円とすると，売上高は35,000円，売上原価は27,000円ですので，**売上総利益**（売上高－売上原価）は8,000円になります。

主たる製造原価は製造プロセスから生じますが，製造を行うためには，倉庫に材料を保管し工場に搬出する作業も不可欠ですので，そのために発生する原価（倉庫費）も製造原価に含めます。このように，製品の製造に直接関係した活動だけではなく，それを補助する活動から生じる原価も，**製造間接費**として製造原価に含めます。

一方，製造終了後に小売店に製品を運ぶための物流費は，製造活動とは関係ないので，製造原価には含まずに販売費として処理します。未使用の材料と完成品は倉庫に保管されて，資産として在庫管理を行います。仕掛品は製造プロセスの中で作業中であり，資産として貸借対照表に計上します。

3　原価計算と管理会計，財務会計との関係

①　管理会計と財務会計

図表１－５では，企業経営を中心におき，管理会計と財務会計の関係，さらにそれらと原価計算および工業簿記の関係を示しています。**管理会計**は，企業の経営の過程で，意思決定と業績管理に必要な会計情報を提供します。さまざまな意思決定を適切に行い，事業部やプロジェクトなど，企業を構成する組織ごとに業績を評価・分析することで，企業の収益性を高め，効率的な経営を行うことを目指します。

一方，**財務会計**では，企業が経営活動を行った結果を，貸借対照表，損益計算書，キャッシュ・フロー計算書という３つの**財務諸表**で，貨幣額によって総合的に表示し，株主や債権者などの利害関係者に開示します。**貸借対照表**は，資金の調達源泉（負債と純資産）と資金の運用形態（資産）を示しています。同じ金額を調達と運用という違う視点から表現していますので，資産＝負債＋純資産という関係が常に成り立ちます。**損益計算書**では，企業がその会計期間（通常は１年間）に獲得した利益の金額を，収益から費用を差し引いて計算します。損益計算書では，総額としての利益を計算するだけではなく，売上総利益，営業利益など，最終的な利益を計算するプロセスで算出される段階的な利益を表示します。**キャッシュ・フロー計算書**では，営業活動，投資活動，財務活動の３つの区分に分けてキャッシュ（現金及び現金同等物）の収支を計算し，最終的にキャッシュの期末残高を計算します。

②　原価計算の目的と２つの会計との関係

原価計算は計算手法ですので，どの目的で利用するかにより，管理会計にも財務会計にも関係します。**原価計算基準**１に記載されている５つの原価計算の目的のうち，①財務諸表作成を目的とした原価計算では，貸借対照表に計上する材料，仕掛品，半製品，製品の期末評価額と，損益計算書に計上する売上原価の金額を計算しますので，財務会計で原価計算を使用していることになります。そのときに使われる**工業簿記**では，原価計算で算出した金額に基づいて仕訳を行います。なお，一般的な簿記である**商業簿記**では，商品の仕入と販売，販売費と一般管理費の発生，工業簿記の対象とする資産以外の貸借対照表項目などについての仕訳を行います。

一方，管理会計では，原価計算基準が示す目的のうち，②価格計算目的，③原価管理目的，④予算管理目的，⑤基本計画設定目的で原価計算を利用しています。③の原価管理については，原価計算基準では標準原価計算が記述されていますが，④の予算管理については，製造間接費予算（原価計算基準41㈢）や，予算目的で利用できる原価概念（原価計算基準６㈢12，40㈢）などが分散的に記述されているだけで，予算設定方法や予算と実績の差異分析の方法は書かれていません。また，②の価格

計算と⑤の基本計画設定についての計算は，原価計算基準の中では全く触れられていません。管理会計の中で原価計算の重要性が高いのは間違いありませんが，事業部制会計，設備投資の意思決定，バランスト・スコアカードなど，原価計算以外の手法を利用している管理会計手法は多くあります。

図表１―５　原価計算の目的と財務会計，管理会計との関係

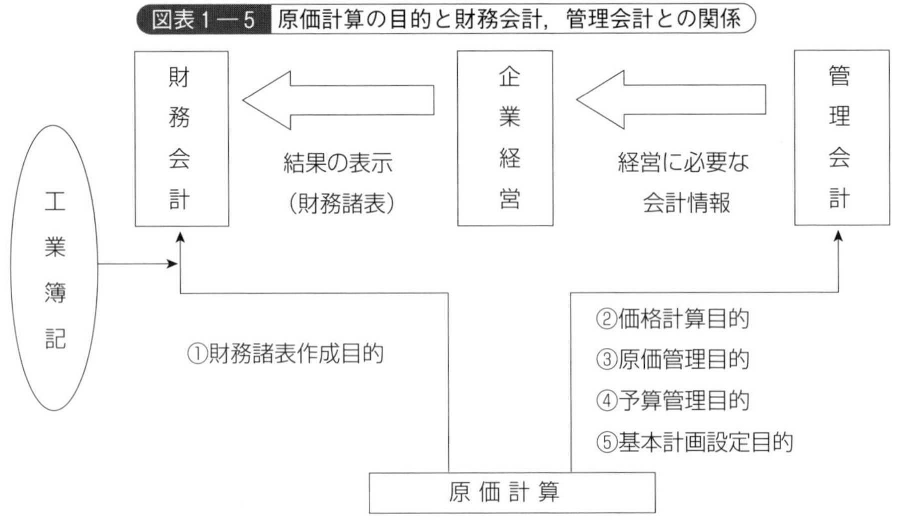

One Point：原価計算基準について

原価計算基準は，昭和37年（1962年）に大蔵省企業会計審議会中間報告として公表されました。中間報告ですので正式な会計基準ではありませんが，それに準ずるものとして扱われており，公認会計士試験や日本商工会議所の簿記検定でも，原価計算基準に準じた問題が出題されていますので，本書でも原価計算基準に基づいた原価計算の方法を説明しています。原価計算基準は，『新版会計法規集』（中央経済社）などに全文が掲載されていますが，全部で47の項目から構成されています。原価計算をより深く理解するために，本書とあわせて関連した部分を確認することをお勧めします。

4　原価計算の計算単位と計算期間

原価計算では，製造原価を 費目別計算 ⇒ 部門別計算 ⇒ 製品別計算 の３段階に分けて計算しますが，最終的には製品１単位当たりの製造原価である**単位原価**を計算します。大量生産品の場合には，１ヵ月間に製造した製品すべての製造原価を計算し，その金額を製造個数で除することで単位原価を計算します。単位原価に目標利益を加算することで，希望価格を計算できます。計算される価格が高すぎて市場競争力がなくなる場合は，コスト削減の目標を決める基礎資料として使うこともできます。なお，原価計算では通常１ヵ月間を会計期間としています。

例題１－１　製品を８個作ったときの製造原価総額を56,000円，１個当たりの価格を9,000円とした場合，単位原価と製品１個当たりの利益を計算してください。

●解答・解説

単位原価（製品１個当たりの製造原価）：56,000円÷８個＝7,000円
製品１個当たり利益：9,000円－7,000円＝2,000円

例題１－１では，単位原価を低減させて6,000円とすることで，現在より1,000円多い3,000円に利益を改善することができます。また，単位原価である7,000円を前提として，それに利益を加算することで，価格設定の根拠を得ることもできます。たとえば，8,000円の競合製品が出たとしても，価格が7,000円より大きければ利益が出るといった，柔軟な価格政策をとることが可能になります。

5　本書の学習範囲

公認会計士試験では，原価計算は管理会計論の中に含まれていますが，学習されているのは原価計算基準に基づく財務諸表作成目的の原価計算であり，実際に発生した金額による原価の計算，すなわち**実際原価**の計算がほとんどです。その一方で，あるべき原価である**標準原価**も，財務諸表作成目的で利用することができます。標準原価計算は，財務会計目的と管理会計目的（原価管理目的）の両者で使用されるため，原価計算基準でも第３章で説明し，第４章（同基準44，46）と第５章（同基準47㈡）で差異分析について記述しています。なお，直接原価計算については，原価計算基準30で，総合原価計算に関連させて固定費調整について記述しています。

本書では，管理会計に関連する部分は，標準原価計算の差異分析（第13章）と直接原価計算（第14章）に留め，財務諸表作成目的の原価計算について，原価計算基準に基づいた計算手法を基本的に説明しています。ただし，財務諸表に計上する製品原価をベースにして，原価の引き下げや価格決定も行われています。このように，財務会計目的の原価計算と管理会計目的の原価計算は，相互に密接に関連していますので，製品原価に基づく管理についても必要に応じて説明しています。

Focus 1　**原価計算基準の原価の定義について**

原価計算のテキストの多くは，原価計算基準３の「原価とは，経営における一定の給付にかかわらせて，は握された財貨または用役（以下これを「財貨」という。）の消費を，貨幣価値的に表わしたものである。」という定義を引用して原価の説明をしています。私が公認会計士試験を受験したときに丸暗記をした懐かしい定義ですが，この定義では「給付」や「用役」といった難解な単語を使っています。また，具体的な計算に入る前に抽象的な説明を長くすると，初学者の理解を妨げて学習意欲を減退させるおそれがあります。このような理由から，本書では，原価計算基準

の定義から離れ，図表１—１と図表１—２により，費用との関係を示しつつ原価を説明するという方針を取りました。

なお，原価計算基準５では，原価には該当しない非原価項目を列挙していますが，通常は原価とする費目であっても，長期間使用していない設備の減価償却費や，異常な状態を原因とする仕損，減損，棚卸減耗損等は原価としないことがポイントです。そのほかの項目については，常識的に判断すれば原価に含めないことを判別できますので，本書では非原価項目の説明も省略しました。

【参考】原価計算基準５に示す非原価項目（大項目のみ記載）

㈠　経営目的に関連しない価値の減少
㈡　異常な状態を原因とする価値の減少
㈢　税法上とくに認められている損金算入項目
㈣　その他の利益剰余金に課する項目

第１章の Key Word

1．**原価計算，原価，費用**
2．**費用性資産，製造原価，製品原価，期間原価，取得原価**
3．**売上原価，販売費及び一般管理費，営業外費用**
4．**製造工程，仕掛品，製品，価値移転**
5．**管理会計，財務会計，工業簿記，単位原価**
6．**原価計算基準，非原価項目**

Exercise

1—1　以下の文章の（　）内に適当な語句を入れてください。

原価計算を（　①　）目的で実施する場合，原価計算によって計算されたデータは，貸借対照表に計上する製品，半製品，（　②　），材料などの期末評価額と，損益計算書の（　③　）の金額を計算するために利用されますが，そのためには（　④　）簿記によって仕訳を行う必要があります。原価計算では，製造原価を（　⑤　）別計算⇒（　⑥　）別計算⇒（　⑦　）別計算の３段階に分けて計算します。なお，販売費及び一般管理費は費用ですが，（　⑧　）原価という表現がされることもあります。

①		②		③	
④		⑤		⑥	
⑦		⑧			

1—2　以下の文章について，正しければ○を，正しくなければ×をつけてください。

①　販売費は原価である。
②　営業外費用は原価である。
③　有価証券の購入価額を取得原価と表現することがある。
④　原価計算は管理会計の手法であり，財務会計では利用されない。

①		②		③		④	

1―3　製品を5個作ったときの製造原価総額を97,500円，1個当たりの価格を30,000円として，①単位原価（製品1個当たりの製造原価），②製品1個当たりの利益，③売上原価率，④売上高利益率を計算してください。

	計算式	計算結果
①		円
②		円
③		%
④		%

1―4　高級ホテルのレストランで客が以下のように話をしています。原価計算の観点からこの発言にコメントしてください。

「このステーキの値段は1万円だけど，近所のレストラン（価格3千円）より多少いい肉でしかないよ。少し価格が高すぎないか。」

1―5　レポート用課題：バジェタリースラック(1)

バジェタリースラックは，シリアス，コメディ，歴史劇など，1つの方向性にとらわれず，さまざまなチャレンジをすることで人気を得ている劇団です。劇団を主宰する目白みやびさんは，収益性を改善するために，大学時代の友人であるK大学のS先生に相談して，管理会計を導入しました（この間の経緯は，『プラクティカル管理会計』を参照してください)。

管理会計による経営改善の努力とともに，目白さんがテレビのドラマに出て注目されたことから，劇団の観客が一気に増加し，年間の売上高は5億5千万円，営業利益は5千5百万円（営業利益率10%）と，収益性も著しく改善されました。なお，バジェタリースラックの公演は，3ヵ月に一度，20公演ずつ開催し，各回平均で1,000人の有料入場者があります。平均的な入場料金は6,500円で，グッズやDVDの売上が3千万円あります。

現在では目白さんを含め40名の劇団員が所属しており，そのほかに，グッズやDVDの製造・販売を担当する社員が3人，経理や営業担当の社員も5人いる大所帯となっています。舞台装置については，専門の業者の手を借りつつ，劇団のベテラン俳優が指揮をとって，劇団員総出で制作および設置を行っています。

S先生：管理会計を導入して4年たちましたけど，成果は着実に出ているみたいですね。

目白：おかげさまで劇団運営も順調だし，市ヶ谷の仕事でちょっと忙しかったけど，これからは劇団のマネジメントをもっと充実させたいと思っているんだよね。

S先生：それじゃあ，バジェタリースラックでも原価計算を実施してみたらどうですか。収益性をもっと高くすることができると思いますよ。

目白：えっ，原価計算って工場でしか使わないんじゃないの？

【問題】バジェタリースラックで原価計算を適用できる業務を2つあげて，それぞれでどのような原価が発生するのかを考えてください。また，劇団の売上高（5億5千万円）の計算プロセスを示してください。

《解答と解説》

1－1

①	財務諸表作成	②	仕掛品	③	売上原価
④	工業	⑤	費目	⑥	部門
⑦	製品	⑧	期間		

1－2

①	○	②	×	③	○	④	×

①と②については，1頁の図表1－1を参照してください。

③については，3頁のOne Pointを参照してください。

④については，6頁の図表1－5を参照してください。

1－3

	計算式	計算結果
①	97,500円÷5個	19,500円
②	30,000円－19,500円	10,500円
③	19,500円÷30,000円×100	65%
④	10,500円÷30,000円×100（別解：100%－65%）	35%

1－4

レストランで支払う料金は，料理とサービスの両者に対する価格と考えることができます。これらの原価には，材料費（ステーキの肉）だけではなく，労務費と経費も含まれています。高級ホテルのレストランは，近所の庶民的な店よりも内装にお金をかけていますし，ウェイター（またはウェイトレス）の対応も洗練している代わりに，賃金も高いことが予想されます。さらに，高級ホテルでの出店ですので，テナント料（賃料，家賃）も高額になります。このため，会話のように，単に素材のコストだけを比較するのは間違っています。

第2章

原価の分類

1　費目別計算と原価の分類について

原価計算は，最終的には製品ごとに単位原価を計算しますが，その前に，製造原価を構成する原価ごとに**費目別計算**を行います。原価計算基準では，**図表２—１**に示す５種類の原価の分類を示し（原価計算基準８），「原価要素を，原則として，形態別分類を基礎とし，これを直接費と間接費とに大別し，さらに必要に応じ機能別分類を加味して」費目別計算を行うとしています（原価計算基準10）。このように，原価計算基準では，材料費，労務費，経費の３種類に原価を分類する形態別分類を前提として，それに直接費と間接費という別の視点での分類を組み合わせており，費目別計算ではこの２種類の分類の重要性が高いことがわかります。

図表２—１　『原価計算基準』の原価の分類

①　形態別分類（材料費，労務費，経費）
②　機能別分類
③　製品との関連における分類（直接費と間接費）
④　操業度との関連における分類（固定費と変動費）
⑤　原価の管理可能性に基づく分類（管理可能費と管理不能費）

一方，原価計算のテキストで，機能別分類まで行う練習問題はほとんど見たことがありません。固定費と変動費の分類は，標準原価計算の差異分析と直接原価計算で用いるのみで，管理可能性に基づく分類とともに，財務諸表作成目的の原価計算ではなく，管理会計目的の原価計算で重要性を持っています。つまり，財務諸表作成目的の原価計算を理解するためには，図表２—１に示す５種類の原価の分類のうち，①の形態別分類と，③の製品との関連による分類（直接費と間接費）が重要であり，②④⑤の３つの分類は，概略を理解していれば十分であるということになります。そこで，本書ではまず①の形態別分類と③の製品との関連における分類を先に説明します。

2　形態別分類

原価の発生形態に基づく**形態別分類**はもっとも基本的な分類であり，原価を材料費，労務費，経費の３種類に分類します。原価計算基準８㈠では，物品の消費によって生ずる原価を**材料費**，労働用役の消費によって生ずる原価を**労務費，**材料費と労務費以外の原価要素を**経費**と定義しています。

実際の仕訳はより細分化された勘定科目で行い，それらを材料費，労務費，経費に集約します。たとえば，労務費については賃金，給料，雑給，従業員賞与手当，退職給付費用，福利費（健康保険料負担金等）などから構成されています。形態別分類は原価計算を学習するうえで非常に重要な分類ですので，章を改めて，材料費の計算については第５章で，労務費と経費の計算については第６章で学習します。

3　直接費と間接費

原価計算基準８㈢では，**製品との関連性**という観点から，特定の製品を製造するためだけに発生する原価を**直接費**，複数種類の製品の製造に関係する原価を**間接費**に分類しています。たとえば，本書の素材である紙は，この本のためだけに使用されているので直接費になります。一方，印刷会社では同じ印刷用の機械を使用して，複数の種類の本を製作していますので，印刷機械の減価償却費は間接費ということになります。

原価計算基準は，製品原価の計算を主要な目的としているために，製品との関連性という観点から直接費と間接費を分類していますが，原価に関連させる対象は製品に限定されるわけではありません。より一般的には，ある対象と１対１で対応させることができる原価を直接費，特定の対象と１対１で対応させることができず，複数の対象のために発生している原価を間接費と定義することができます。

管理会計のセグメント会計では，社内的な組織を対象として損益計算を行いますので，特定の社内組織で発生する事業部個別費や部門個別費は直接費に該当します。一方，経理部や人事部などの本社部門は企業全体にサービスを提供しますので，そこで発生する本社費は，事業部にとっては間接費に該当します。ただし，本社部門にとっては，本社費は直接費になります。このように，直接費と間接費は原価の固有の性質（属性）ではなく，関連させる対象により変化する分類であるといえます。

例題２−１　形態別分類と，直接費と間接費の分類を組み合わせた表を作成してください。

解答・解説

	直接費	**間接費**
材料費	直接材料費	間接材料費
労務費	直接労務費	間接労務費
経費	直 接 経 費	間 接 経 費

解答の表は，原価計算を学習するうえで非常に重要ですので，しっかりと理解しておきましょう。解答の表をベースにして作成した**図表２―２**に示すように，個別原価計算では，間接材料費，間接労務費，間接経費を合わせて，**製造間接費**という１つの集合的な勘定科目として取り扱います。また，**図表２―３**に示すように，総合原価計算では，直接材料費以外の費目を一括して，**加工費**として取り扱います。加工費からは，直接経費が分離されることもあります。

図表２―２　製造間接費について

	直接費	間接費
材料費	直接材料費	
労務費	直接労務費	製造間接費
経費	直接経費	

図表２―３　加工費について

	直接費	間接費
材料費	直接材料費	
労務費	加工費	
経費		

4　機能別分類と複合費

機能別分類は形態別分類の下位概念に位置づけられ，形態別に分類した材料費，労務費，経費を，これらの原価が使用された経営上の機能（用途）の観点からさらに細分化します（原価計算基準８㈡）。たとえば，材料費に機能別分類を適用すると，主要材料費，修繕材料費，試験研究材料費等の補助材料費，工場消耗品費等に材料費を細分化することになります。労務費と経費についても，機能別分類によって同様な細分化が行われます。

機能別分類では，材料費，労務費，経費ごとに個々に細分化を行いますが，類似した概念として，企業で行われている機能や活動，または費用の消費目的という観点から設定される**複合費**（複合経費）があります（原価計算基準10）。運搬費，検査費，修繕費，用水費などを複合費として設定する場合は，これらの機能・活動・目的のために発生した材料費，労務費，経費を総合的に集計します。たとえば，修繕費には，修繕のために使用した材料費，修繕部門で働く従業員の労務費，修繕のために支出した交通費，修繕用機器の減価償却費などが集計されます。修繕に関係した原価を部門横断的に集計することで，修繕部門が存在しなくても，部門別計算に近い効果を簡便的に得ることになります。

このように，材料費，労務費，経費に属する費目を含んだ，総合的でより広範囲の原価を集計したものが複合費ですが，原価計算上は間接経費として取り扱います。機能別分類と複合費は，既存の管理会計のテキストでは簡単にしか記述されていませんが，活動基準原価計算で用いる「活動」と非常に近い意味を持っています。

One Point：原価計算基準37(二)の機能別分類について

原価計算基準37(二)では，販売費および一般管理費の機能別分類の例として，広告宣伝費には，広告宣伝係員の給料，賞与手当，見本費，広告設備減価償却費，新聞雑誌広告料，その他の広告料，通信費等が集計されるとしています。広告宣伝費に含まれる費目には，労務費のほかに経費も含まれていることから，原価計算基準８(二)とは異なり，複合費の意味で機能別分類を説明しており，基準内で用語の意味の不統一が見られます。

5　変動費と固定費

①　変動費と固定費

原価計算基準８(四)では，生産設備の利用度である**操業度**との関連から，原価を変動費と固定費に分類しています。原価計算では，作業員が製造のために働いた時間である**直接作業時間**や，機械の稼働時間である**機械作業時間**などの，製造活動に関連した指標が操業度として選択されます。**変動費**は，操業度が高くなると比例的に増加し，逆に操業度が低くなると比例的に減少する原価要素です。それに対して，操業度が変化しても金額が変化しない原価要素を**固定費**といいます。また，このような原価と操業度との関係を，**原価態様（コスト・ビヘイビア）**といいます。

操業度に対する変動費の割合を**変動費率**といいます。直接作業時間１時間に対する変動費率を1,200円とすると，変動費線は $y = 1{,}200x$ になり，作業員が１時間製造活動をするごとに，変動費が1,200円ずつ増加します。このような変動費の代表例は，時間雇いの労働者の賃金です。

固定費の代表例である減価償却費は，定額法や定率法など，決められた減価償却方法によって金額が計算されますので，作業員が製造活動を行った時間に関係なく，その年度に発生する金額は一定で変化しません。

> **例題2－2**　操業度を直接作業時間，変動費率を1,000円，固定費を5,000円として，変動費線，固定費線，およびそれらを合算した総費用線を作図してください。

●解答・解説

変動費線のグラフはｙ＝1,000xになり，直接作業時間1時間当たり1,000円の変動費が発生します。たとえば，製造工程で10時間作業をした場合，変動費は10,000円（1,000円×10時間）で，直接作業時間が2倍の20時間になったときは，変動費も2倍の20,000円になります。固定費線のグラフでは，操業度を示す直接作業時間の変化にかかわらず，固定費は5,000円で変化しません。総費用線は，変動費線と固定費線を合算したｙ＝1,000x＋5,000になり，たとえばx（直接作業時間）が10時間のときに，ｙ（費用総額）は15,000円（1,000円×10時間＋5,000円）になります。

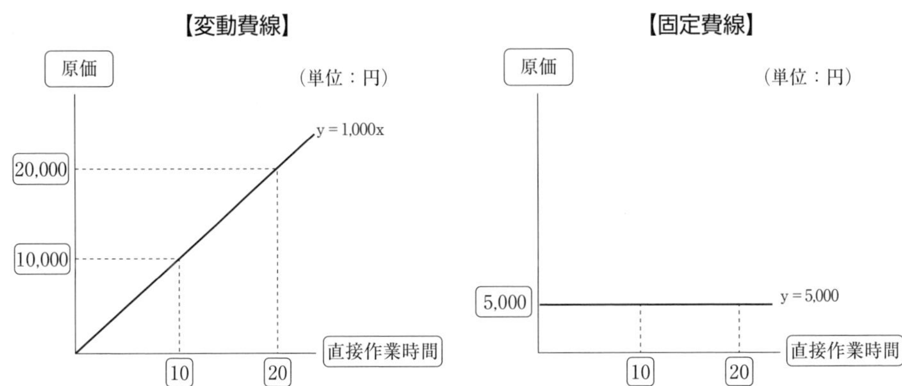

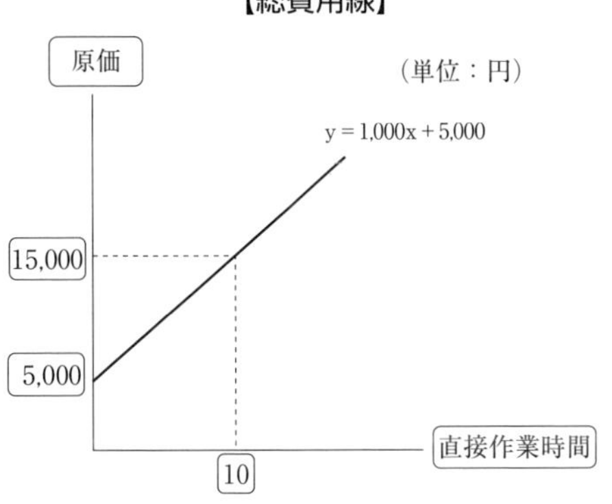

②　準変動費と準固定費

実際には純粋な変動費と固定費はほとんどないので，それに代わる概念として，準変動費と準固定費という概念が提示されています。これらの概念にぴったり合う費用も現実的にはほとんどないのですが，変動費と固定費よりは現実に近い説明になります。

準変動費とは，電力料や水道代などのように，操業度がゼロの段階でも一定額が発生し，それ以降は変動費と同じように操業度に比例的に原価が発生する原価要素です。**図表２—３**では，操業度を電力使用量として，電力料を y ＝20x ＋3,000の式で示しています。この式からは，電気を全く使っていなくても3,000円の電力料が生じ，使用量に応じで20円ずつ加算することがわかります。

一方，**準固定費**は，ある操業度の範囲内では一定額で，その操業度の上限を超えると不連続的に一気に発生額が増加し，再び一定の発生額を維持する原価要素です。**図表２—４**は，労働者１人当たりの給料を１月当たり20万円として，作業時間によりどのように費用線が変化するのかを示しています。１人当たりの１ヵ月の作業時間の上限を176時間（８時間×22日）とすると，176時間を超える作業が必要な場合は，従業員をもう１人雇用する必要があり，労務費が２倍に増加します。この労務費の水準は，２人の従業員が労働可能な352時間までは，一定の金額（40万円）を維持します。

準変動費と準固定費は，CVP 分析などを行うときには，変動費部分と固定費部分に分解します。分解の仕方については，勘定科目法，スキャッター・チャート法，高低点法，最小自乗法がありますが，具体的な計算方法は姉妹書の『プラクティカル管理会計』の第３章を参照してください。

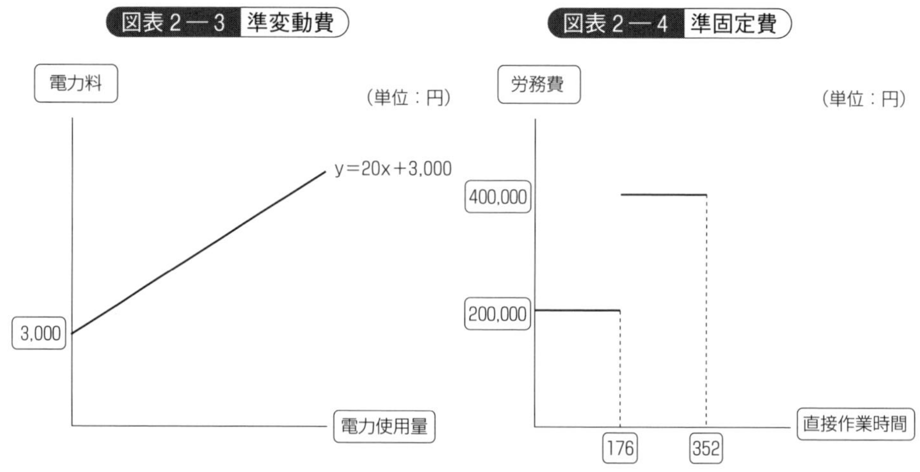

One Point：操業度について

原価計算基準８㈣では，操業度を「生産設備を一定とした場合におけるその利用度」と定義していますが，製品の製造原価を計算することを前提とした，狭義の定義と考えることができます。管理会計の代表的な手法である CVP 分析では，企業全体の収益性を分析することを目的としていますので，操業度をより広義の視点から，売上高や販売量といった営業の視点で設定します。なお，CVP 分析では，製造量と販売量は等しいと仮定していますので，在庫の存在は分析に影響を与えません。

6　管理可能費と管理不能費

原価は，管理可能性に注目して，**管理可能費**と**管理不能費**に分類することもあります（原価計算基準8㈤）。この場合の管理可能性は，ある組織の責任者が，原価の発生水準（金額）に大きな影響を与えることができるか否かという観点から判断します。課長には管理できない原価でも，事業部長であれば管理できる場合もあるなど，対象となる責任者の階層が高ければ高いほど，管理可能な原価の範囲は広くなります。

ある原価が管理可能費になるのか管理不能費になるのかは，どの従業員を対象とするのかによって変化しますので，直接費と間接費の分類と同じように，個々の原価に固有の属性ではありません。また，管理可能性による原価の分類は，セグメント会計など，主に管理会計で利用される分類であり，財務諸表作成目的の原価計算では使用しません。

7　実際原価と標準原価

①　実際原価

これまでに示した5種類の分類方法とは別に，すでに発生した原価か，将来発生する原価かといった，発生時点による分類もできます。すでに発生した原価を**実際原価**といいます。原価は「価格×数量」で計算されますが，実際原価の計算では，数量については**実際消費量**を使うことが決まっています。しかし，価格については実際価格と予定価格の両方を使用することができ（原価計算基準4㈠1），2種類の実際原価が存在することになります。

1）実際原価＝実際価格×実際消費量

2）実際原価＝予定価格×実際消費量

実際価格と予定価格の差は無視できるほどに小さく，実質的に1）と2）で計算した金額は変わらないことを想定しています。複数回にわたり購入し，そのたびに価格が違う場合，実務的な煩雑さがなくなるメリットが予定価格にはあります。

例題2－3　実際価格を1,000円，予定価格を990円，実際消費量を200kg，予定消費量を210kgとした場合の，2種類の実際原価を計算してください。

●解答・解説

1）実際価格×実際消費量の場合：1,000円×200kg ＝200,000円

2）予定価格×実際消費量の場合：990円×200kg ＝198,000円

原価の計算では，実際価格と予定価格のどちらを使っても問題ありませんが，実際価格と予定価格の差の処理は費目ごとに行い，原則的にその年度の売上原価に計上しますので，最終的には実際価格で計算した結果に合わせるような処理をします。例題２－３で予定価格を使って198,000円と計算した場合は，両者の差の2,000円を計算し，その金額を売上原価に計上します。実際価格を使って計算した場合には，このような調整は必要ありません。

② 標準原価

標準原価は，価格だけではなく消費量も予定値とし，「標準価格×標準消費量」で計算します。標準原価はあるべき原価であり，統計的な手法などを用いて計算され，達成目標として予算管理で使われることもあります。標準原価は，厳格度によって以下の４種類に分類されますが，現実的標準原価か正常原価のどちらかを指して標準原価とするのが一般的です。４種類の標準原価の説明は第13章で行います。

１）理想標準原価
２）現実的標準原価
３）正常原価
４）予定原価

Focus 2 固定費は変化する

固定費という名称から，固定費は変化しないと考えている人が多いのですが，固定費の定義は，「操業度が変化しても金額が変化しない原価要素」であり，操業度とした直接作業時間や売上高などの変化は，固定費には影響を与えないと言っているにすぎません。裏を返せば，それ以外の要因で変化する固定費もあることを意味しています。たとえば，研究開発費の発生は売上高の変化とは無関係ですが，年度予算を設定する段階で，前年度とは違う金額に設定する，つまり変化させることは可能です。このような固定費をマネジドコストといいます。なお，研究開発費予算を売上高予算の一定割合という決め方をしていると，変動費ではないのに，毎年度の対売上高比率を見ると，あたかも売上高に比例的に発生しているように見える場合もあります。

有形固定資産については，選択した減価償却方法によって減価償却費が計算されますので，その金額を変えることはできません。このような原価をコミッテッドコストといいます。しかし，定率法を選択した場合には，減価償却費は毎期逓減することになり，管理不能ではあるものの金額は変化します。また，減価償却方法を変更して減価償却費の発生額を変更することもできますし，耐用年数終了前に売却または除却することで，売却損または除却損として，将来的な減価償却費を前倒しして損失計上することは可能です。このように考えると，コミッテッドコストは本当に管理不能なのか，再検討する必要があると思います。

第 2 章の Key Word
1．費目別計算
2．形態別分類，材料費，労務費，経費
3．直接費，間接費，機能別分類，複合費
4．変動費，固定費，操業度，管理可能費，管理不能費
5．実際原価，標準原価

Exercise

2—1　以下の文章の（　）内に適当な語句を入れてください。

費目別計算では，（　①　）分類を基礎として，これを直接費と（　②　）に大別し，必要に応じて（　③　）分類を加味して原価要素を分類します。（　③　）分類と類似した原価として（　④　）がありますが，（　④　）ではより広い範囲の原価を集計します。

原価は，生産設備の利用度である（　⑤　）との関係から，（　⑤　）の変化に比例的に変化する（　⑥　）と，（　⑤　）の変化にかかわらず一定の金額である（　⑦　）に分類できます。また，管理可能性の観点から，管理可能費と（　⑧　）に分類することもあります。さらに，すでに発生した原価である（　⑨　）と，あるべき原価である（　⑩　）に分類することもできます。

①		②		③	
④		⑤		⑥	
⑦		⑧		⑨	
⑩					

2—2　以下の資料により，（　）内の金額と，⑦加工費（直接経費も含む）の金額と計算式を答えてください。金額の単位は円です。

	直接費	間接費	合　計
材料費	（　①　）	25,000	80,000
労務費	（　②　）	10,000	75,000
経　費	31,000	（　④　）	（　⑥　）
合　計	（　③　）	（　⑤　）	247,000

①		②		③	
④		⑤		⑥	
⑦		計算式：			

2—3　以下の文章について，正しければ○を，正しくなければ×をつけてくだ

さい。

① 直接費と間接費は，原価の固有の性質に基づく分類である。

② 複合費と機能別分類に基づく原価は全く同じ概念である。

③ 金額が変化しない原価のことを固定費という。

④ 実際原価の計算で用いる価格は実際価格だけである。

①		②		③		④	

2—4 以下のデータに基づき，指定された原価を計算してください。計算過程も示してください。

① 製造原価総額が2,600円，直接材料費が800円，直接労務費が500円，経費が1,000円，間接材料費が100円，製造間接費が600円のとき，直接費と間接労務費の金額を計算してください。

② 変動費率（変動費÷売上高）が0.63，固定費が13,000円で，売上高が60,000円のときの総費用と利益の金額を計算してください。

③ 実際価格を850円，予定価格を842円，実際消費量を150kg，予定消費量を162kgとした場合の，２種類の実際原価を計算してください。

①	直接費	円	計算式：
	間接労務費	円	計算式：
②	総費用	円	計算式：
	利益	円	計算式：
③	実際原価１	円	計算式：
	実際原価２	円	計算式：

2—5 レポート用課題：バジェタリースラック⑵

Professor S

目白：うちの劇団の原価計算って，何をすればいいのかな。

S先生：そうですね。とりあえず，バジェタリースラックで発生する原価を変動費と固定費に分けてみたらどうですか？　あまり難しいことは考えないで，目白さんが売上と関係して変化すると考える原価を変動費，変化しないと思う原価を固定費に分類してみたらどうでしょう。

目白：演劇の制作費はどうしたらいいの？

S先生：制作費については，公演回数に関係して増える原価を変動費とすればいいと思いますよ。

【問題】バジェタリースラックで発生する原価を列挙し，それらの原価を変動費と固定費に分類してください。

《解答と解説》

２―１

①	形態別	②	間接費	③	機能別
④	複合費	⑤	操業度	⑥	変動費
⑦	固定費	⑧	管理不能費	⑨	実際原価
⑩	標準原価				

２―２

	直接費	間接費	合　計
材料費	(①55,000)	25,000	80,000
労務費	(②65,000)	10,000	75,000
経　費	31,000	(④61,000)	(⑥92,000)
合　計	(③151,000)	(⑤96,000)	247,000

①	55,000	②	65,000	③	151,000
④	61,000	⑤	96,000	⑥	92,000
⑦	192,000	計算式：25,000＋75,000＋92,000 （別解）65,000＋31,000＋96,000（247,000－55,000）			

２―３

①	×	②	×	③	×	④	×

①については，12頁の**3**を参照してください。

②については，13頁の**4**を参照してください。

③については，18頁のFocus 2を参照してください。

④については，17頁の**7**①を参照してください。

２―４

①	直接費	2,000円	計算式：2,600円－600円＝2,000円
	間接労務費	200円	計算式：2,000円－（800円＋500円）＝700円（直接経費） 1,000円－700円＝300円（間接経費） 600円－（100円＋300円）＝200円 別解：2,600円－（800円＋100円＋500円＋1,000円）
②	総費用	50,800円	計算式：60,000円×0.63＋13,000円＝50,800円
	利益	9,200円	計算式：60,000円－50,800円＝9,200円
③	実際原価１	127,500円	計算式：850円×150kg＝127,500円
	実際原価２	126,300円	計算式：842円×150kg＝126,300円

③の実際原価１と２の解答は入れ替えが可能です。

第3章

工業簿記の特徴と勘定記入

1　原価計算と工業簿記

①　原価計算と工業簿記の関係

簿記は，商業簿記と工業簿記に大別されます。**商業簿記**は，商品の仕入と販売，さらに管理業務などを記録するための簿記であり，デパートやスーパーマーケットなど，他社が製造した製品を販売する小売業や卸売業などの流通業で用いられます。一方，原価計算と密接な関係を持ち，製造に関する記帳に特化した簿記が**工業簿記**です。工業簿記は，自社で製造した製品を販売する製造業（メーカー）を対象としていますが，製造以外の取引（販売費及び一般管理費，営業外損益，特別損益，大部分の貸借対照表項目）については，製造業でも商業簿記によって仕訳を行います。

商業簿記では，主に外部の企業との取引について仕訳を行いますが，工業簿記では，企業内部で行われる製造活動も取引とみなして仕訳を行います。製造業では，原材料に労働力や機械による加工を加えて製品を製造しますが，原材料の原価だけではなく，労務費や機械の減価償却費など，製造のために使われた資源の価値すべてが，最終的に製品の原価を構成すると考えます。

貸借対照表に材料，仕掛品（未完成の製品），製品などを計上し，損益計算書に販売した製品の原価である売上原価を計上するためには，工業簿記による仕訳に基づいた勘定記入というプロセスが必要です。**図表３－１**は，原価計算が原価情報を提供し，その金額に基づいて工業簿記が仕訳を行うという関係性を示しています。

図表３－１　原価計算と工業簿記の関係

原価計算（原価情報）⇒ 工業簿記（仕訳）⇒
- 貸借対照表：材料，仕掛品，製品
- 損益計算書：売上原価

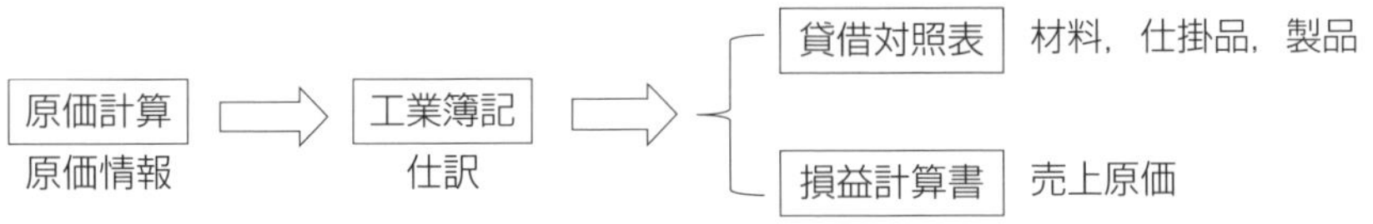

② 工業簿記における勘定記入のルール

簿記における勘定科目は，**勘定記入**（勘定科目の記入）のときに，借方に増加の金額を記入する勘定科目（資産，費用）と，貸方に増加の金額を記入する勘定科目（負債，純資産，収益）の２種類に分類できます。個々の勘定科目の増加額を借方と貸方のどちらに記入するのかを覚えることは，簿記を学習するときの大きな関門ですが，幸いなことに，工業簿記で使用する主要な勘定科目は，資産（材料，仕掛品，製品）と費用（売上原価）に限定されています。

図表３—２に示すように，資産と費用の勘定記入は，Ｔ勘定の借方に記入された金額が増加を，貸方に記入された金額が減少を示しています。このため，工業簿記では，借方と貸方のどちらに増加の金額を記入すればいいのか迷う必要はありません。なお，**原価会計**（**Cost Accounting**）という用語は，原価計算（Costing）と同じ意味で使うこともありますが，工業簿記と原価計算を含む，より広い概念とすることが多いようです。

図表３—２　資産と費用の勘定記入のルール

（借方）	資産と費用	（貸方）
増加 （投入）		減少 （結果）

2　製品勘定と売上原価の内訳

原価計算では，各勘定に記入された金額を，増加と減少ではなく，借方を「投入」，貸方を「結果」ととらえた方が理解しやすくなります。このことについて，**製品勘定**を例にとって説明してみましょう。**図表３—３**では，大量生産品について，製品勘定での投入と結果の関係を説明しています。製品勘定の借方に記入した金額は，前期に製造して在庫として残った製品（期首製品）の製造原価100千円と，当期に製造した製品の製造原価800千円で構成されています。この２つの金額を合計した900千円は，製品勘定に投入された原価であり，当期に販売することが可能である製品の製造原価の合計額を示しています。

図表３—３　製品勘定への記入例（単位：千円）

	（借方）	製	品	（貸方）		
販売可能な製品（原価ベース）投入	期首製品	100	売上原価	750	⇦ 販売	（原価ベース）結果
	当期製品製造原価	800	期末製品	150	⇦ 未販売	
		900		900		

製品勘定の貸方に記入した金額は，販売可能な製品のうち，当期に販売した製品の製造原価（売上原価）750千円と，期末に売れ残った在庫（期末製品）の製造原価150千円を示しています。つまり，製品勘定の借方では，その企業が販売可能な製品を「投入」として示し，製品勘定の貸方では，販売されたのか，販売されなかったのかという「結果」を示していることになります。

図表３―３の製品勘定は，計算式として示すと以下のようになりますが，この式の単位は原価ベース（金額）であり，数量ベースではないことに注意が必要です。製品は資産に属する勘定科目ですので，未販売の期末製品150千円は次期に繰り越され，次期の製品勘定では，期首製品150千円として借方に計上されます。

例題３－１　図表３―３の製品勘定に基づいて，売上総利益までの報告式の損益計算書（単位：千円）を作成してください。売上高は1,000千円とします。

解答・解説

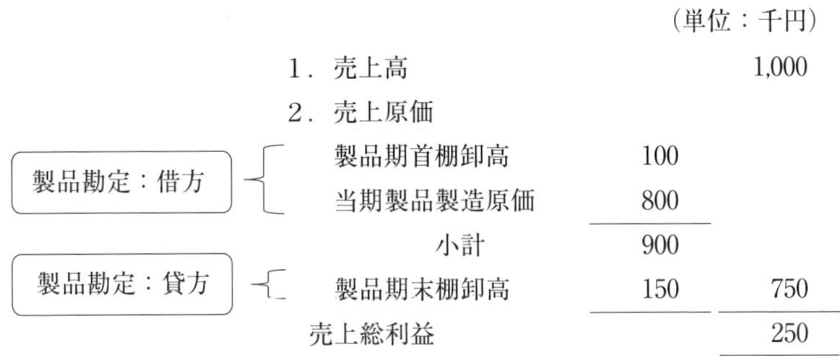

（単位：千円）

	1．売上高		1,000
	2．売上原価		
製品勘定：借方	製品期首棚卸高	100	
	当期製品製造原価	800	
	小計	900	
製品勘定：貸方	製品期末棚卸高	150	750
	売上総利益		250

製品期首棚卸高100千円と当期製品製造原価800千円は，製品勘定の借方側の項目であり，その合計額から製品勘定の貸方側の項目である製品期末棚卸高150千円を控除することで，同じく貸方側の**売上原価**の金額を750千円と計算しています。このことから，製品勘定の貸方側では，当期に販売した製品の製造原価である売上原価を計算していることがわかります。なお，上記の損益計算書から，以下の計算式により，売上原価率と売上総利益率を計算することができます。

売上原価率＝売上原価÷売上高×100＝750千円÷1,000千円×100＝75％

売上総利益率＝売上総利益÷売上高×100＝250千円÷1,000千円×100＝25％

3　仕掛品勘定と製造原価明細書

①　仕掛品勘定と製品勘定の計算対象について

図表３—３の製品勘定の借方では，当期製品製造原価を800千円としていますが，この金額自体は**仕掛品勘定**の貸方で計算を行っています。製造プロセスでは，製造途中の未完成品を意味する**仕掛品**を経て完成品が製造され，完成品を販売することで売上原価が計算されます。しかし，実際に仕掛品勘定の貸方で計算しているのは，１つ先の製品（完成品）勘定の借方の金額である**当期製品製造原価**であり，さらに製品勘定の貸方では，その先の勘定科目である売上原価の金額を計算しています。このように，工業簿記では，勘定自体が意味する内容と，勘定で計算している金額の対象が異なっているという特徴があります。

One Point：仕掛品と半製品について

製造途中であっても，外部に販売可能な場合には，仕掛品と同様に完成品である製品とは区別して半製品とします。販売可能な半製品と，販売できる状態ではない仕掛品は，厳密には違う概念ですが，完成品ではないという意味で，両者を合わせて仕掛品とする場合もあります。たとえば，製菓業で製造するチョコレートを，板チョコなどの完成品にする前に，ケーキなどの原料として他社に販売していることを想定してみましょう。この場合に，固形になる前のチョコレートを半製品とするか仕掛品とするかは，会社側に選択する余地があると思われます。

②　仕掛品勘定の記入例

図表３—４は，仕掛品勘定の記入例です。仕掛品勘定の借方に記入した金額は，前期以前に製造を開始したものの，前期末に完成に至らなかった期首仕掛品の原価80千円と，当期に製造のために投入した**当期総製造費用**810千円（材料費360千円，労務費250千円，経費200千円）で構成されています。これらの金額を合計した890千円は，当期に製造のために使用した金額，すなわち仕掛品勘定への投入を意味しています。なお，当期総製造費用は，**当期製造費用**と表記される場合もあります。

図表３—４　仕掛品勘定への記入例（単位：千円）

	（借方）	仕	掛 品	（貸方）	
製造のために使用した原価［投入］	期首仕掛品	80	製品	800	⇦ 完成品の原価（結果）
	当期総製造費用				
	材料費	360			
	労務費	250			
	経費	200	期末仕掛品	90	⇦ 未完成品の原価（結果）
		890		890	

仕掛品勘定の貸方に記入した金額は，製造のために使用した原価890千円が，完成品のために使われたのか（800千円），期末の仕掛品のために使われたのか（90千円）という結果を示しています。つまり，仕掛品勘定の借方では，製品の製造のために投入（使用）した原価を示し，仕掛品勘定の貸方では，完成品と未完成品という製造活動の結果に，投入された原価を配分しています。

このように，実際に製品の原価計算を行っている場所は仕掛品勘定であり，原価計算でもっとも重要性が高い勘定科目になります。なお，完成品の製造原価800千円は，図表３―３の製品勘定の借方への投入となり，製造原価明細書または売上原価の内訳では，当期製品製造原価として表記されます。

例題３-２　図表３―４の仕掛品勘定に基づいて，製造原価明細書（単位：千円）を作成してください。

解答・解説

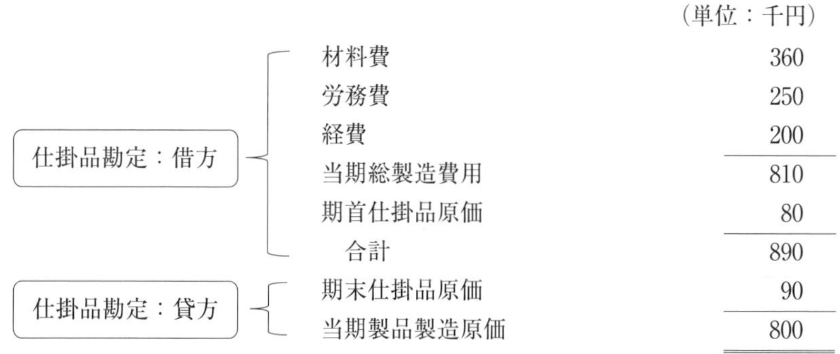

（単位：千円）

仕掛品勘定：借方	材料費	360
	労務費	250
	経費	200
	当期総製造費用	810
	期首仕掛品原価	80
	合計	890
仕掛品勘定：貸方	期末仕掛品原価	90
	当期製品製造原価	800

仕掛品勘定の数値を明細書形式で表すと，**製造原価明細書**（**製造原価報告書**）になります。製造原価明細書では，材料費，労務費，経費の金額を合計して当期総製造費用810千円を計算し，その金額に期首仕掛品原価80千円を加算する形で，合計の890千円を計算します。この金額は，仕掛品勘定の借方の合計額と一致します。

次に，仕掛品勘定の貸方に記載されている期末仕掛品原価90千円を合計額の890千円から控除して，同じく仕掛品勘定の貸方に記載されている当期製品製造原価800千円を計算します。この当期製品製造原価800千円は，例題３-１の売上原価の内訳科目の当期製品製造原価の金額と一致します。

One Point：商品と製品について

貸借対照表に計上されている商品と製品は，どちらも販売用の物品を意味しています。商品は外部から購入した物品で，製品は自社で製造した物品です。工業簿記は製造業（メーカー）で利用されるために，勘定科目としては製品勘定を使いますが，グループ会社やグループ外の協力会社で製造したものを仕入れ，親会社が販売する場合には，親会社の貸借対照表に商品勘定を計上します。

販売用に作成したソフトウェアについては，製品というイメージがないためか，かつては商品として表示している企業もありましたが，自社で制作しているのであれば，製品として計上すべきです。ただし，原版であるマスター・ソフトウェアについては無形固定資産に計上します（「研究開発費等に係る会計基準」）。

Focus 3　ミッシング・リンクはありません

企業に勤めている人から，大学の勉強は仕事に関係がないから遊んでいても大丈夫，社会で鍛えられれば仕事はできるなどと，聞こえがいいことを言われた人も多いのではないでしょうか。実際に，原価計算を大学で勉強していなくても，入社後に原価計算を担当している人も多くいます。そのような人の中には，自主的に原価計算の理論を勉強せず，それまで社内で実施されていた原価計算の手順に従っているだけの人もいます。しかし，理論的な体系を理解していないと，自社の原価計算の特異性が理解できず，改善の余地に気づくこともないでしょう。

多くの実務家との交流で感じるのは，その人が学生のときにどれくらい勉強したのかは，少し話してみればよくわかるということです。本人は正しいことを言っているつもりでも，理論的なバックグラウンドが欠けており，自社のやり方が正しいと盲目的に信じている人もいます。仕事を始めると，大学時代のように落ち着いて専門書を読む時間をとるのは難しくなりますので，大学時代に読んだ本のレベルが，その後に読める本のレベルを決めてしまいます。

大学生と社会人の間で，個人の知的能力を不連続的に飛躍させるミッシング・リンクはありません。時間がある大学生のうちにちゃんと勉強しておきましょう。もし今この本を読んでいる方が社会人で，大学での勉強をさぼってしまった，という場合には……。今からでも遅くありません。少しずつでいいので，時間をとって専門書を読んでみてください。

第3章の Key Word

1．原価計算，工業簿記，商業簿記，原価会計
2．資産と費用 ⇒ 借方（増加，投入），貸方（減少，結果）
3．製品勘定，売上原価の内訳
4．仕掛品勘定，製造原価明細書
5．当期総製造費用，当期製品製造原価

Exercise

3−1　以下の文章の（　）内に適当な語句を入れてください。

簿記は（　①　）と工業簿記に大別されます。工業簿記で使用する主要な勘定科目は（　②　）と費用に属していますので，工業簿記で使うほとんどの勘定科目は，T勘定の（　③　）に増加を，（　④　）に減少を記入します。

仕掛品勘定の借方には，期首仕掛品原価と（　⑤　）が集計され，仕掛品勘定の貸方から（　⑥　）勘定の借方に，完成品の製造原価が振り替えられます。仕掛品勘定の記入内容を報告書形式で作成したものを（　⑦　）といい，当期に製造のために使用した材料費，労務費，（　⑧　）を合算して（　⑤　）を計算し，それに期首と期末の仕掛品原価を加減算することで（　⑨　）を算出しています。なお，（　⑥　）勘定の貸方には，（　⑩　）と期末製品が計上されます。

①		②		③	
④		⑤		⑥	
⑦		⑧		⑨	
⑩					

3―2　以下の製造原価明細書と仕掛品勘定を作成し，（　　）に適当な語句と金額を記入してください。解答欄の単位は千円です。

材料費	520
労務費	（　　　）
経費	400
当期総製造費用	（　　　）
（　　　）仕掛品原価	110
合計	1,340
（　　　）仕掛品原価	（　　　）
当期（　　　　　）	1,200

（借方）　　　　　　　　仕　掛　品　　　　　　　　（貸方）

（　　　　　）	（　　　）	（　　　　　）	（　　　）
（　　　　　）			
（　　　　　）	（　　　）		
（　　　　　）	（　　　）		
（　　　　　）	（　　　）	（　　　　　）	（　　　）
	（　　　）		（　　　）

3―3　Exercise 3―2のデータより以下の製品勘定と損益計算書を作成し，（　）に適当な語句と金額を記入してください。売上高は2,500千円です。また，売上原価率と売上総利益率も計算してください。解答欄の単位は千円です。

（借方）	製	品	（貸方）
期首製品	600	売上原価	（　　）
当期製品製造原価	（　　）	期末製品	700
	（　　）		（　　）

1. 売上高　（　　）
2. 売上原価
　（　　）（　　）
　（　　）（　　）
　　小計　（　　）
　（　　）（　　）（　　）

売上総利益　（　　）

売上原価率	%
売上総利益率	%

3―4　以下のデータに基づいて，２種類の損益計算書を作成してください。売上高は両方ともに1,000千円とします。解答欄の単位は千円です。

商業簿記：期首商品100千円，当期商品仕入高800千円，期末商品150千円

工業簿記：期首製品100千円，当期製品製造原価800千円，期末製品150千円

商業簿記の損益計算書

1. 売上高　（　　）
2. 売上原価
　（　　）（　　）
　（　　）（　　）
　　小計　（　　）
　（　　）（　　）（　　）

売上総利益　（　　）

工業簿記の損益計算書

1. 売上高　（　　）
2. 売上原価
　（　　）（　　）
　（　　）（　　）
　　小計　（　　）
　（　　）（　　）（　　）

売上総利益　（　　）

3－5　レポート用課題：バジェタリースラック(3)

目白さん：この章は劇団には関係ないんじゃない？

S先生：そんなことはありませんよ。たとえば，公演ごとに原価計算をして，仕掛品勘定の借方に公演のために発生した原価を集計することはできますよね。

目白：劇団で原価計算をする意味って何かしら。

S先生：バジェタリースラックの主な収益源は公演のチケット収入ですよね。いくらチケット収入が多くても，コスト管理が杜撰だと利益は増えないですよ。これからはバジェタリースラックで発生する売上原価（公演の制作費）と販売費，それから一般管理費に分けて管理してみたらどうですか。

【問題】バジェタリースラックでは，公演ごとに仕掛品勘定を作り，借方に公演のために発生した原価を集計することにし，グッズについても別途原価計算を実施することにしました。バジェタリースラックの原価と費用を，公演原価，グッズの原価，販売費，一般管理費の４種類に分類して，どのような原価があるのかを勘定科目で示し，その内容を説明してください。

《解答と解説》

3－1

①	商業簿記	②	資産	③	借方
④	貸方	⑤	当期（総）製造費用	⑥	製品
⑦	製造原価明細書 （製造原価報告書）	⑧	経費	⑨	当期製品製造原価
⑩	売上原価				

3－2

材料費	520
労務費	①310
経費	400
当期総製造費用	②1,230
（期首）仕掛品原価	110
合計	1,340
（期末）仕掛品原価	③140
当期（製品製造原価）	1,200

（借方）　仕　掛　品　（貸方）

期首仕掛品	110	④製品	1,200
当期総製造費用			
材料費	520		
労務費	310		
経費	400	期末仕掛品	140
	1,340		1,340

① 1,230－（520＋400）＝310（先に②を計算します）

② 1,340－110＝1,230

③ 1,340－1,200＝140

④ 別解：当期製品製造原価

解答欄に当期総製造費用と書かれていますので，この問題の会計期間は１ヵ月ではなく１年間になります。

3－3

（単位：千円）

（借方）	製	品	（貸方）
期首製品	600	売上原価	1,100
当期製品製造原価	1,200	期末製品	700
	1,800		1,800

売上原価率	44%
売上総利益率	56%

（単位：千円）

1. 売上高		2,500
2. 売上原価		
製品期首棚卸高	600	
当期製品製造原価	1,200	
小計	1,800	
製品期末棚卸高	700	1,100
売上総利益		1,400

3－4

商業簿記の損益計算書

1. 売上高		1,000
2. 売上原価		
商品期首棚卸高	100	
当期商品仕入高	800	
小計	900	
商品期末棚卸高	150	750
売上総利益		250

工業簿記の損益計算書

1. 売上高		1,000
2. 売上原価		
製品期首棚卸高	100	
当期製品製造原価	800	
小計	900	
製品期末棚卸高	150	750
売上総利益		250

両者を比較すると，基本的な計算構造は「期首残高＋当期増加額－期末残高」で同じであることがわかります。ただし，商業簿記と工業簿記では，売上原価の計算プロセスで個々の項目の計算の仕方が異なっています。商業簿記では，商品期首棚卸高（100千円）に当期商品仕入高（800千円）を加算し，商品期末棚卸高（150千円）を控除することで売上原価（750千円）を計算します。売上原価を計算するための３つの項目の金額は「仕入価格×個数」で計算されますが，価格は契約で決められます。

工業簿記では，材料⇒仕掛品⇒完成品 という製造工程における価値の移転を内部的な取引とみなして仕訳をし，製品期首棚卸高（100千円）に当期製品製造原価（800千円）を加算し，製品期末棚卸高（150千円）を控除することで売上原価（750千円）を計算します。売上原価を計算するための３つの項目の金額は，原価計算によって算出された製品の単位原価（１単位当たりの製造原価）に個数を乗じることで計算されます。

第4章

工業簿記の体系

1　工業簿記で最低限必要な簿記の知識

第4章では，工業簿記の体系について説明します。**工業簿記**は，製造活動に伴う企業内部の価値の移転を取引として認識し，一連の振替仕訳を行うという特徴があります。第3章で説明したように，工業簿記で使用する勘定科目のほとんどは資産と費用に属しており，借方に記入される金額が増加を，貸方に記入される金額は減少を意味しています。商業簿記と比べるとそれほど複雑な仕訳をするわけではないのですが，簿記に苦手意識を持っている人も多いので，工業簿記を理解するために最低限必要な知識について，簡単に説明しておきます。

簿記：企業の活動に基づいて仕訳と勘定記入を行い，貸借対照表と損益計算書を作成するための一連の計算手続を簿記といいます。簿記を実施することで，財務諸表を構成する各項目の管理が可能になります。たとえば，資産の実在性を確保するためには，簿記による記帳と現物のチェックが欠かせない作業になります。損益計算書では，収益から費用を差し引くことで利益を計算し，その企業の経営成績を表すことができます。

仕訳：企業が活動（取引）を行うことで，資産・負債・純資産（大部分が資本）・収益・費用のいずれかに属する個々の項目（勘定科目）の金額が増加または減少します。勘定記入の前提として，取引により変化する勘定科目と金額について整理することを仕訳といいます。

勘定：勘定科目の金額の増減を集計する場所を勘定（口座）といいます。本書ではT字型の勘定を使って説明していますが，T勘定の左側を借方，右側を貸方といいます。勘定科目によって，借方と貸方のどちらに増加額を記入するかが異なりますが，工業簿記で扱う主要な勘定科目は資産と費用ですので，借方に記入した金額が増加額（投入）で，貸方に記入した金額が減少額（結果）になります。

振替：ある勘定科目から，別の勘定科目に金額を移すことを振替といいます。工業簿記では，製造プロセスにおける価値の移転関係を仕訳によって表現するために，前工程の勘定科目の貸方から，後工程の勘定科目の借方に金額を振り替えます。たとえば，材料費から仕掛品に金額（100円）を振り替える仕訳は，以下のようになります。

（借）仕掛品　100　　　（貸）材料費　100

2　工業簿記における勘定記入の流れ

①　勘定科目間の振り替え

図表４―１は，工業簿記の体系を示すために，勘定科目間の価値の移転という観点から流れ図を作成したものです。この企業では，製品Ａと製品Ｂという２つの大量生産品を製造しており，製品ごとに仕掛品勘定と製品勘定を設定しています。

原価計算では，まず**形態別分類**を適用して，製品を製造するときに発生する原価要素を材料費，労務費，経費の３種類に分類します。これらの原価要素は，直接費と間接費に細分され，直接費は製品ごとに設定した仕掛品勘定に振り替えます。間接費は，製造間接費勘定に一度集計され，ある基準（配賦基準といいます）に基づいて，製品ごとの仕掛品勘定に配分します。仕掛品勘定に集計した原価のうち，完成品の製造原価は製品勘定に振り替え，さらに，販売した製品の原価を製品勘定から売上原価勘定に振り替えます。

図表４―１では，このような振替による対応関係を，①～⑮の番号で示しました。振替元の勘定の「貸方」の番号から，振替先の勘定の「借方」に書かれた同じ番号

図表４―１　工業簿記の体系（勘定間の振り替えによる対応関係）

(借方)	材料費		(貸方)
材料	360	仕掛品A	①190
		仕掛品B	②140
		製造間接費	③30
	360		360

(借方)	労務費		(貸方)
当座預金	250	仕掛品A	④140
		仕掛品B	⑤60
		製造間接費	⑥50
	250		250

(借方)	経　費		(貸方)
当座預金	200	仕掛品A	⑦10
		仕掛品B	⑧20
		製造間接費	⑨170
	200		200

(借方)	製造間接費		(貸方)
材料費	③30	仕掛品A	⑩175
労務費	⑥50	仕掛品B	⑪75
経費	⑨170		
	250		250

に金額が移されていますので，確認しながら以下の文章を読んでみてください。なお，原価計算の基本的な会計期間は１ヵ月ですので，図表４―１では，仕掛品と製品の残高を「月初」と「月末」で表記しています。

②　直接費の仕掛品勘定への振り替え

形態別に分類した**材料費**，**労務費**，**経費**の各勘定の借方には，それぞれの原価要素の発生額が，製品の製造のために投入された金額として集計されます。図表４―１では，材料費が360千円，労務費が250千円，経費が200千円集計されています。

材料費，労務費，経費の貸方は，これらの原価が投入された結果，どの製品のために使用されたのか，その金額を示しています。特定の製品を製造するためだけに使用された**直接費**は，それぞれの勘定科目の貸方から，製品の種類ごとに分けられた仕掛品勘定の借方に振り替えられますが，このことを**直課**といいます。図表４―１では，製品ごとに仕掛品Ａと仕掛品Ｂという勘定を設定していますが，仕掛品Ａの借方には，それぞれの製品を製造するために使用された原価として，①材料費190千円，④労務費140千円，⑦経費10千円が，仕掛品Ｂの借方には，②材料費140千円，⑤労務費60千円，⑧経費20千円が振り替えられています。

（単位：千円）

(借方)	仕掛品A		(貸方)
月初仕掛品	50	製品A	⑫500
材料費	①190	月末仕掛品	65
労務費	④140		
経費	⑦10		
製造間接費	⑩175		
	565		565

(借方)	製品A		(貸方)
月初製品	60	売上原価	⑭475
仕掛品A	⑫500	月末製品	85
	560		560

(借方)	製品B		(貸方)
月初製品	40	売上原価	⑮275
仕掛品B	⑬300	月末製品	65
	340		340

(借方)	仕掛品B		(貸方)
月初仕掛品	30	製品B	⑬300
材料費	②140	月末仕掛品	25
労務費	⑤60		
経費	⑧20		
製造間接費	⑪75		
	325		325

(借方)	売上原価		(貸方)
製品A	⑭475	損益	750
製品B	⑮275		
	750		750

> **例題4－1** 図表4―1に基づいて，⑴材料費勘定，労務費勘定，経費勘定の借方に関する仕訳と，⑵仕掛品Ａ勘定に振り替える仕訳を示してください。仕訳の単位は千円とします。

●**解答・解説**（単位：千円）

⑴　材料費，労務費，経費の借方の仕訳

（借）	材料費	360	（貸）	材　料	360
	労務費	250		当座預金	250
	経　費	200		当座預金	200

⑵　材料費，労務費，経費から仕掛品Ａ勘定に振り替える仕訳

（借）	仕掛品Ａ	340	（貸）	材料費	190
				労務費	140
				経　費	10

③　間接費の製造間接費勘定への振り替え

複数の製品を製造するために共通的に発生し，特定の製品に１対１で対応させることができない原価を**間接費**といいます。製造原価のうちの間接費は，製品を製造するために発生したことを強調するために**製造間接費**と表現します。材料費，労務費，経費のうち，特定の製品のために使用されていない金額については，製造間接費勘定の借方に一度すべての金額を集計します。図表4―1では，製造間接費勘定の借方に，③材料費から30千円，⑥労務費から50千円，⑨経費から170千円の合計250千円が集計されています。大部分の経費は製造間接費ですが，特定の製品だけを製造している機械の減価償却費など，直接費に分類される経費も存在します。

図表4―2は，材料費，労務費，経費から，仕掛品と製造間接費に振り替える方法を，材料費を例にとってまとめています。製品を製造するために投入（消費，使用）された材料の金額が材料費勘定の借方に記入されます。どの製品を製造するために使われたのかという結果を示すのが貸方であり，直接費は使われた製品ごとに設定した仕掛品勘定に振り替え，間接費は製造間接費勘定に振り替えます。

図表4―2　材料費の勘定記入

（借方）	材　料　費　　　（貸方）
【投入】 消費額，使用額	【結果】 製品との関連で分類 直接費→仕掛品 間接費→製造間接費

例題4－2　図表4―1に基づいて，材料費勘定，労務費勘定，経費勘定から製造間接費勘定に振り替える仕訳をしてください。

●解答・解説（単位：千円）

（借）製造間接費	250	（貸）	材料費	30
			労務費	50
			経費	170

One Point：工業簿記の仕訳

ほとんどの工業簿記の仕訳は，ある勘定科目から別の勘定科目に金額を振り替えるという形式を取ります。したがって，振替「先」の勘定科目を借方に，振替「元」となる勘定科目を貸方に書くパターンを覚えていれば，たいていの工業簿記の仕訳には対応できます。たとえば，例題4－1の(2)の材料費勘定から仕掛品A勘定への振替については，振替先の仕掛品A勘定では借方に，振替元の材料費勘定では貸方に，同じ金額（190千円）を書けばいいことになります。

多くの工業簿記の仕訳は，企業内の価値の移転関係を対象としていますが，例題4－1の(1)では，労務費は従業員への賃金の支払い，経費は外部企業への支払いなので，商業簿記で行うのと同じ仕訳をしています。ただし，借方に書かれた金額が，その科目への「投入」を意味していることは，工業簿記の仕訳と変わりはありません。材料については，まず（借）材料 360（貸）現金 360という購入の仕訳があり，次に例題4－1の(1)で，（借）材料費 360（貸）材料 360という，材料という資産を製造のために使用した，内部的な価値の移転を示す振替仕訳を行っています。

④　製造間接費勘定から仕掛品勘定への振り替え

どの製品のために使われたのかを明らかにできないだけで，製造間接費勘定に集計された原価も，直接費と同様に製造活動のために使用されています。そのため，何らかの基準を用いて，製造間接費を個々の仕掛品に配分し，仕掛品勘定の借方に振り替えます。このような作業を製造間接費の**配賦**（はいふ），そのための基準を**配賦基準**といいます。配賦基準としては，製造工程で従業員が働いた直接作業時間や，機械の稼働時間である機械作業時間などが用いられます。

製造間接費勘定の記入をまとめたものが，**図表4―3**です。借方には，どの製品のために使われたのか特定できない間接材料費，間接労務費，間接経費を集計します。集計した製造間接費は，配賦基準に基づいて個々の仕掛品勘定に配賦します。配賦の計算は，製造間接費勘定の貸方で行われます。図表4―1では，⑩仕掛品Aに175千円，⑪仕掛品Bに75千円が配賦されています。

図表４―３ 製造間接費の勘定記入

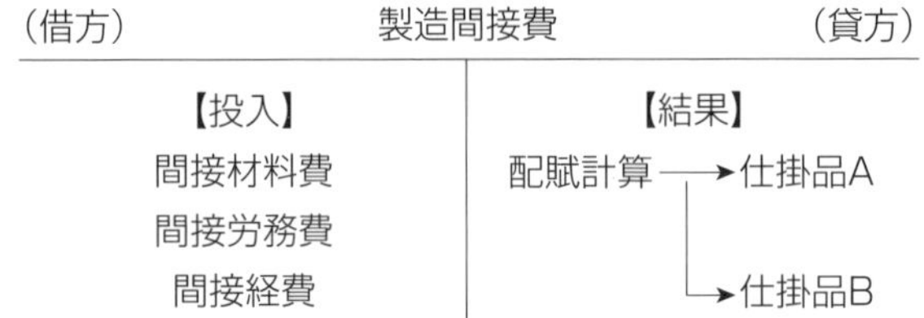

> **例題４－３** 図表４―１に基づいて，製造間接費勘定から仕掛品Ａ勘定と仕掛品Ｂ勘定への振替仕訳を示してください。

●**解答・解説**（単位：千円）

（借）仕 掛 品 Ａ	175	（貸）製造間接費	250
仕 掛 品 Ｂ	75		

⑤ 仕掛品勘定から製品勘定への振り替え

図表４―４に示すように，**仕掛品**勘定の借方には，月初仕掛品原価（＝前月末の仕掛品の原価）と，当月に投入した原価が記入されています。仕掛品勘定の貸方では，投入された原価が，結果として完成品の原価になったのか，未完成品（月末仕掛品）の原価になったのかを示しており，完成品の原価は製品勘定に振り替えます。

図表４―４ 仕掛品の勘定記入

（借方）	仕掛品	（貸方）
【投入】		【結果】
月初仕掛品原価		完成品原価 ―→ 製品
当月投入原価		月末仕掛品原価

図表４―１の仕掛品Ａ勘定の借方には，月初仕掛品原価50千円，当月に投入された直接材料費190千円，直接労務費140千円，直接経費10千円，製造間接費175千円が計上され，借方の合計は565千円になります。仕掛品Ａ勘定の貸方では，⑫製品Ａ勘定に完成品原価として500千円を振り替えます。残額の65千円は月末仕掛品として計上され，翌月の仕掛品Ａ勘定では，借方に月初仕掛品として同じ金額が計上されます。

> **例題４－４** 図表４―１に基づいて，仕掛品Ａ勘定から製品Ａ勘定への振替仕訳を示してください。

解答・解説（単位：千円）

（借）製　品　A　500　（貸）仕掛品A　500

One Point：仕掛品勘定と製品勘定を製品の種類ごとに設定する理由

図表4—1では，製品の種類ごとに，仕掛品勘定と製品勘定をAとBに分割しています。多くのテキストでは，仕掛品勘定と製品勘定を分割せずに勘定の流れを図示していますが，これだと，文章では製造間接費を複数の製品に配賦しているのに，図の勘定や仕訳では一括して仕掛品勘定に振り替えているように見えてしまいます。私が最初に工業簿記を学習したときも，この点について疑問を感じました。そこで，図表4—1の勘定の流れ図では，配賦を視覚化するために，仕掛品Aと仕掛品B，製品Aと製品Bと，製品ごとに勘定を分割することで，説明と図表を一致させることにしました。

⑥　製品勘定から売上原価勘定への振り替え

図表4—5に示すように，**製品**勘定の借方には，販売可能な製品（原価ベース）として，月初製品原価（前月末に売れ残った製品の原価）と，当月に完成した製品の原価が記入されています。一方，製品勘定の貸方では，それらの原価が，結果として販売した製品の原価（売上原価）になったのか，未販売の製品（月末製品）の原価になったのかを表しています。販売された製品の原価は，資産である製品勘定から，費用である**売上原価**勘定に振り替えられます。

図表4—5　製品の勘定記入

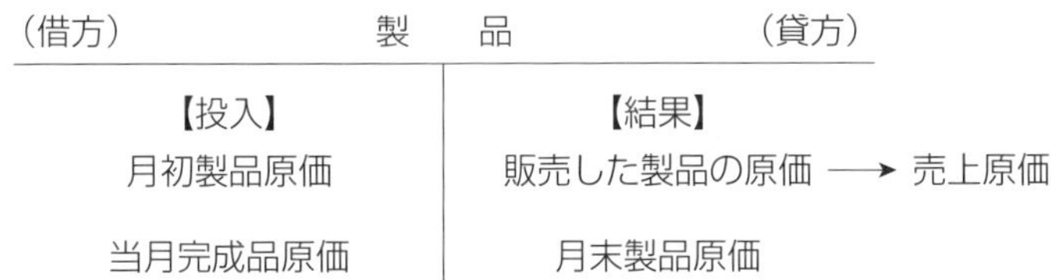

図表4—1の製品A勘定の借方には，月初製品原価60千円と⑫当月完成品原価500千円の合計560千円が計上されています。製品A勘定の貸方では，⑭製品A勘定から売上原価勘定に475千円が振り替えられています。売上原価は一括して損益計算書に計上されるので，仕掛品勘定や製品勘定のように，製品の種類ごとに勘定を設定していません。貸方の残額の85千円は月末製品として計上され，翌月の製品A勘定では，借方に月初製品として同じ金額が計上されます。

例題 4－5 図表４―１に基づいて，製品Ａ勘定と製品Ｂ勘定から売上原価勘定への振替仕訳を示してください。

●解答・解説（単位：千円）

（借）売上原価	750	（貸）製　品　A	475
		製　品　B	275

製品を販売することで，手元から販売用の製品という資産がなくなりますので，売上原価が費用として計上されます。なお，製品Ａを1,000千円，製品Ｂを600千円で掛けにより販売したとすると，販売取引については，商業簿記により次の仕訳を行います。

（借）売　掛　金	1,600	（貸）売　　上	1,600

⑦　売上総利益の計算

ここまでの仕訳で，売上勘定には1,600千円，売上原価勘定には750千円が集計されていますので，その差額の850千円（1,600千円－750千円）が製品を販売したことによる利益，すなわち**売上総利益**の金額になります。売上総利益の計算を勘定記入により実施するには，**損益勘定**を設定し，売上高と売上原価の金額を損益勘定に振り替える必要があります

例題 4－6 例題４－５の解答に基づいて，売上高と売上原価を損益勘定に振り替える仕訳と，損益勘定への勘定記入をしてください。また，売上総利益率を計算してください。

●解答・解説（単位：千円）

（借）損　　益	750	（貸）売上原価	750
売　　上	1,600	損　　益	1,600

（借方）　損　益　（貸方）

売上原価	750	売上	1,600
売上総利益	850		
	1,600		1,600

売上総利益率＝売上総利益÷売上高×100＝850千円÷1,600千円×100＝53.125％

Focus 4　**材料費，労務費，経費は費用か？**

原価要素を形態別に分類した材料費，労務費，経費には，「費」という文字がついていますが，これらの費目は費用なのでしょうか。図表4―1の勘定間の振り替えでは，製品を販売したときに，販売した製品の製造原価を，製品勘定の貸方から売上原価勘定の借方に振り替えました。このことは，この時点で，製造原価は製品という資産から，売上原価という費用に会計的な性質を変えたことを意味しています。

誤解している人も多いのですが，図表4―1で製品勘定に至るまでの勘定科目は，仕掛品はもちろん，材料費，労務費，経費，さらに製造間接費も含めて，すべて資産になります。例題4-1は月次での原価計算を前提としていますが，年次ベースでの勘定記入でも，材料費，労務費，経費，製造間接費で借方に投入された金額は，期末までに同額が別の勘定科目に振り替えられます。そのため，これらの勘定科目の借方と貸方の合計額は一致して期末残高は0円になり，仕掛品や製品のように貸借対照表に期末評価額が計上されることはありません。なお，労務費と経費が販売費及び一般管理費に計上される場合には，これらの費目は最初から費用です。Focus 4の内容が理解できない場合は，第1章の1「原価と費用の違いについて」をもう一度読み直してみてください。

第4章のKey Word

1．工業簿記，仕訳，勘定，振替
2．材料費，労務費，経費
3．直接費，直課
4．間接費，製造間接費，配賦，配賦基準
5．仕掛品，製品
6．売上原価，損益，売上総利益，売上総利益率

Exercise

4―1　以下の文章の（　）内に適当な語句を入れてください。

工業簿記では，製造プロセスにおける内部的な（　①　）の移転関係を表すために，ある勘定科目から別の勘定科目に金額を移す（　②　）仕訳を行います。そのために，原価要素を形態別に材料費，労務費，経費に分類し，各勘定の（　③　）に発生額を記入し，直接費については，各勘定の（　④　）より（　⑤　）勘定に振り替えます。製造のために使用された間接費は，一度全額を（　⑥　）勘定に集計し，適切な（　⑦　）を用いて（　⑤　）勘定に（　⑧　）します。売上原価は（　⑨　）勘定の貸方で計算し，売上原価勘定に金額を振り替えて集計します。売上高から売上原価を控除して計算する利益を（　⑩　）といいます。

①		②		③	
④		⑤		⑥	
⑦		⑧		⑨	
⑩					

4—2 以下のデータに基づいて，売上原価と製品の月末残高の金額を，①先入先出法と②移動平均法によって計算してください。移動平均法については，10月８日時点の単価（小数点第２位を四捨五入）をまず計算してから解答してください。

		価格（単価）	個数
10月１日	期首製品残高	100円	100個
10月８日	当 月 購 入	104円	60個
10月10日	販　　売		120個

①先入先出法		
売上原価	円	計算式：
製品の月末残高	円	計算式：
②移動平均法		
10月８日単価	円	計算式：
売上原価	円	計算式：
製品の月末残高	円	計算式：

4－3 以下の勘定の（　　）内に適当な数値を入れてください。

（単位：千円）

（借方）　製造間接費　（貸方）

借方		貸方	
材料費	（　　）	仕掛品A	175
労務費	（　　）	仕掛品B	（　　）
経費	（　　）		
	250		（　　）

（借方）　製品A　（貸方）

借方		貸方	
期首製品	（　　）	売上原価	（　　）
仕掛品A	（　　）	期末製品	85
	（　　）		560

（借方）　仕掛品B　（貸方）

借方		貸方	
期首仕掛品	（　　）	製品B	（　　）
材料費	（　　）	期末仕掛品	25
労務費	60		
経費	（　　）		
製造間接費	（　　）		
	（　　）		（　　）

（借方）　材料費　（貸方）

借方		貸方	
材料	360	仕掛品A	（　　）
		仕掛品B	140
		製造間接費	（　　）
	360		（　　）

（借方）　経　費　（貸方）

借方		貸方	
当座預金	200	仕掛品A	(　　)
		仕掛品B	(　　)
		製造間接費	(　　)
	200		(　　)

（借方）　売上原価　（貸方）

借方		貸方	
製品A	(　　)	損益	(　　)
製品B	(　　)		
	750		(　　)

（借方）　製品B　（貸方）

借方		貸方	
期首製品	(　　)	売上原価	275
仕掛品B	300	期末製品	(　　)
	340		(　　)

（借方）　仕掛品A　（貸方）

借方		貸方	
期首仕掛品	50	製品A	500
材料費	190	期末仕掛品	(　　)
労務費	(　　)		
経費	10		
製造間接費	(　　)		
	(　　)		(　　)

（借方）　労務費　（貸方）

借方		貸方	
当座預金	(　　)	仕掛品A	140
		仕掛品B	(　　)
		製造間接費	50
	(　　)		(　　)

4—4　アイスクリームと扇風機は夏によく売れますが，ある年は冷夏で売れ行きが悪く，在庫が多く残ってしまいました。製造量は例年と変わらないと仮定して，アイスクリームと扇風機それぞれについて，損益への影響を考えてください。

4—5　レポート用課題：バジェタリースラック(4)

目白：公演の原価を計算するだけではなくて，会計帳簿にも反映するところは管理会計と違うわね。

S先生：そうですね。実務的にはどこまで細かく勘定科目を分けるかという問題はありますけど，とりあえずは原価計算の結果を会計帳簿にどう反映できるかを考えてみたらどうですか。

目白：演劇の公演だけではなくて，グッズの販売もしているけど，同じように考えればいいのかしら。

S先生：グッズは㈱エリウサに製作委託をしていますから，商業簿記ですね。

【問題】バジェタリースラックの収益部門は，演劇の公演とグッズの販売です。両者の制作（製作）プロセスを考えて，図表4—1のような勘定科目の流れを示してください。演劇については，材料費，労務費，経費のどれが主要な原価になるか，どのような原価が製造間接費になり，どのような配賦基準が適当かを明示し，材料費，労務費，経費を構成する具体的な費目も書き出してください。

《解答と解説》

4—1

①	価値	②	振替	③	借方
④	貸方	⑤	仕掛品	⑥	製造間接費
⑦	配賦基準	⑧	配賦	⑨	製品
⑩	売上総利益				

4—2

①先入先出法		
売上原価	12,080円	計算式：100円×100個＋104円×（120個－100個）
製品の月末残高	4,160円	計算式：104円×（100個＋60個－120個）
②移動平均法		
10月8日単価	101.5円	計算式：(100円×100個＋104円×60個）÷（100個＋60個）
売上原価	12,180円	計算式：101.5円×120個
製品の月末残高	4,060円	計算式：101.5円×（100個＋60個－120個）

【解説】

商業簿記では仕入勘定で売上原価を計算し，工業簿記は製品勘定で売上原価の計算をしますが，両者の計算プロセスに実質的な違いはありません。先入先出法と移動平均法がわからない人は，第5章の材料費の計算を参照してください。

4—3

解答は図表4—1を参照してください。解答欄では勘定が順不同に並んでいますので，まず勘定間の振替の関係を整理してみるといいと思います。

4—4

売上減による損益へのマイナスの影響はありますが，製品勘定の貸方を見ればわかるように，製品在庫が増えても費用（売上原価）が増えるわけではありません。ただし，アイスクリームには賞味期限があり，扇風機よりも廃棄損のリスクは高くなります。こまめに生産調整をして，在庫を適正水準まで早急に減らす努力は必要です。

扇風機は翌年の夏にも販売でき，食品ほど短期的な廃棄損のリスクはありません。しかし，扇風機にも技術革新やデザインの流行があり，単位原価が大きいので，1台当たりの廃棄損の金額が大きいという別のリスクが存在します。

第5章 材料費の計算

1　材料と材料費

①　材料費の構成要素

原価要素は**形態別分類**によって，材料費，労務費，経費の３種類に分類されます。このうち，物品の消費によって生ずる原価を**材料費**といいます。材料費は細分化された勘定科目を集約した科目であり，原料費，買入部品費，燃料費，工場消耗品費，消耗工具器具備品費から構成されています（原価計算基準８(一)）。

このうち，原料費と買入部品費は，購入時には原料と買入部品という資産に計上され，製造過程への投入に伴い，原料費と買入部品費に振り替えたのちに，最終的に材料費勘定に集約されます。石炭や石油などの燃料費も同様の処理をしますが，製造の段階で消耗してしまい，物質としては製品に引き継がれない点が，製品の実体を形成する原料費や買入部品費とは異なります。

一方，クギやネジなどの工場消耗品費は，コストをかけて数量的な管理をするほどは金額的な重要性が大きくないために，工場消耗品費に購入額を計上すると同時に間接材料費に振り替えます。金づちやノミなどの消耗工具器具備品費も，金額的な重要性が小さく，さまざまな製品の製造に使われるので，購入時に間接材料費として製造間接費に振り替える処理をします。

例題５－１　㈱プラムでは，工場消耗品を3,000円で購入し，代金を現金で支払い，さらに製造間接費に振り替える処理をしました。この２つの仕訳をしてください。

解答・解説（単位：円）

（借）	工場消耗品費	3,000	（貸）	現　　　金	3,000
	製造間接費	3,000		工場消耗品費	3,000

この２つの仕訳は，（借）製造間接費 3,000（貸）現金 3,000という１つの仕訳にまとめることも可能です。逆に，工場消耗品費から材料費に振り替え，材料費から製造間接費に振り替えるように，仕訳を３つに分割することもできます。

② 材料費勘定への振り替え

原料，買入部品，燃料については，購入時に原料勘定，買入部品勘定，燃料勘定に計上し，製品を製造するために使用した量に相当する金額が，原料費，買入部品費，燃料費にそれぞれ振り替えられ，最終的に材料費勘定に集計されます。**図表５―１**では，原料は260千円が，買入部品は80千円が，燃料は250千円が製造活動で使用されています。それらの金額を，それぞれ原料費，買入部品費，燃料費という勘定に一度集計することで，個々の勘定ごとに使用金額の管理をすることが可能になります。これらの金額は，最終的には材料費勘定に集計され，材料費が合計で590千円使われていることが明らかになります。未使用分については，それぞれの勘定に期末在庫として計上されます。

図表５―１　材料費に集計するまでのプロセス（単位：千円）

原料

現金預金	300	原料費	260
		期末在庫	40

→ 原料費

原料	260	材料費	260

買入部品

現金預金	100	買入部品費	80
		期末在庫	20

→ 買入部品費

買入部品	80	材料費	80

燃料

現金預金	300	燃料費	250
		期末在庫	50

→ 燃料費

燃料	250	材料費	250

→ 材料費

原料費	260		
買入部品費	80		
燃料費	250		
	590		

管理会計の観点からは，当月に使用した原料費を明確にするという意味で，原料費勘定は原料勘定とは別に設定すべきです。しかし，最終的に貸借が一致して原料費勘定の残高は０になりますので，財務会計上の計算だけを考えるのであれば，**図表５―２**に示すように原料費勘定を設けず，原料勘定から材料費勘定に直接振り替えても問題はありません。

図表５―２　原料費勘定と統合した原料勘定

（借方）	原料		（貸方）
現金預金	300	材料費	260
		期末在庫	40
	300		300

One Point；税法上の資産の範囲について

税法上は，使用可能期間が1年未満または取得価額が10万円未満の少額資産については損金経理できます（法人税法施行令133条）。工場消耗品と消耗工具器具備品については，この基準を当てはめることができますので，期末に残高を資産計上しなくても問題はありません。

③　材料費勘定からの振り替え

材料費勘定の借方にインプットとして集計された金額は，製品を製造するために使用された材料の取得原価を示しています。材料費勘定の貸方では，直接費は仕掛品勘定に，間接費は製造間接費勘定に振り替えられます。**図表5－3**では，製品Aを製造するために300千円，製品Bを製造するために200千円の材料費が使用されており，仕掛品Aの借方に300千円，仕掛品Bの借方に200千円を振り替えています。製品Aと製品Bに共通的に使用された間接材料費の90千円は，製造間接費勘定に振り替えます。材料費勘定の借方と貸方の金額は一致しますので，期末に残高は存在しません。

図表5－3　材料費勘定からの振替（単位：千円）

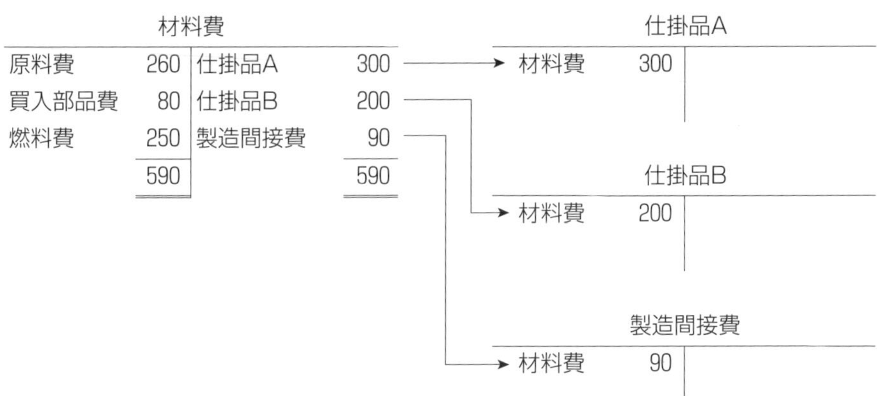

2　材料勘定の構成要素

材料は原料や買入部品など，さまざまな資産から構成されますが，ここでは**材料勘定**に統一して説明することにします。**図表5－4**は，材料に関係した構成要素を，勘定記入という形で示しています。材料勘定の借方は，材料の購入（取得）を意味しており，前月以前に購入したがまだ使用していない在庫を意味する月初残高250千円と，当月に購入した材料700千円で構成されています。借方の合計金額である950千円は，この企業が当月に使用可能な材料の購入金額の合計額を示しています。

材料勘定の貸方は，借方に記入した950千円が，製品を製造するために使用した800千円と，月末時点でも未使用のまま残されている150千円の２種類に，結果として分かれることを示しています。貸借対照表には，貸方の月末残高150千円が材料の評価額として計上されます。

図表５―４ 材料勘定（単位：千円）

	（借方）		材料	（貸方）	
当月に使用できる材料	月初残高	250	②材料費	800	←― 当月に使用した材料
	①当月購入	700	③月末残高	150	←― 未使用の材料
		950		950	

材料勘定の原価計算上の論点は，①購入した材料の取得原価の計算（借方：当月購入），②製品を製造するために当月に使用した材料費の計算（貸方：材料費），③月末の在庫の金額の計算（貸方：月末残高）の３点です。材料費の削減が工場での原価管理上の課題になりますが，これについては①と②に共通した論点になりますので，本書では②の材料費の計算に合わせて説明をします。

3　購入材料の取得原価の算定

当月に購入した材料の取得原価には，対価だけではなく，取得に伴って他社に支払う物流費などの費用も加算します。このような費用を**外部副費**といいます。たとえば，１個800円の材料を100個購入し，納品のための発送費を10,000円支払ったとすると，この材料の取得原価は90,000円（800円×100個＋10,000円）になります。

この場合の副費には，外部副費だけではなく，材料の購入のために企業内部で発生する**内部副費**も存在します。倉庫での検収費が代表的な内部副費ですが，内部副費だけを切り離して集計するのは難しいために，材料の取得原価に含めても含めなくても，どちらでもかまわないことになっています。内部副費を含める場合には，１個当たり，または１回当たりの内部副費を予定価格で決めておく場合もあります。

例題５－２ ㈱プラムでは10月25日に材料Ｅを＠200円で300個購入し，発送費15,000円と合わせて現金で支払いました。倉庫では納品時に検収作業をしますが，検収１回当たり1,000円の労務費が発生しています。材料Ｅの取得原価を，①内部副費を含めない場合と，②内部副費を含める場合で計算してください。

解答

① 200円×300個＋15,000円＝75,000円

② 200円×300個＋15,000円＋1,000円＝76,000円

4　実際の購入単価による材料の消費金額と在庫の計算

実際の購入単価に実際に使用した量を乗ずることで，材料費（製品を製造するために使用した材料の金額）を計算することができます。未使用の材料である材料の月末残高は，材料勘定の借方（材料の月初残高＋当月購入）から材料費をマイナスすることで計算し，期末には貸借対照表に資産として計上します。**継続記録法**によって材料を管理するときは，材料を倉庫に受け入れた個数と，製造のために倉庫から工場に出荷した個数を**材料元帳**という帳簿に記録します。この場合，同じ材料を数回にわたって購入し，各回の購入単価が異なるときには，①個別法，②先入先出法，③移動平均法，④総平均法のいずれかの方法によって，使用した材料の単価を決める必要があります。

高価で購入数が少ない材料は，購入した材料と使用した材料を1対1で対応させることができるので，購入原価を材料費とします。このような材料費の決定方法を**個別法**といいます。個別法では購入時の単価と使用時の単価は同じなので，材料費をその都度計算する必要はありません。一方，ある程度の数量が複数回にわたり購入される材料に個別法を適用すると，使用時にいつ購入した材料なのかを特定する手間がかかりますので，それ以外の3種類の方法により材料費を計算します。

先入先出法では，先に購入した材料から順番に製造工程で使用すると考えます。**移動平均法**では，材料を購入するたびに加重平均単価を計算し直して材料費を計算するのに対して，**総平均法**では，1ヵ月（または1年間）に購入した材料すべての加重平均単価を計算して材料費を計算します。加重平均単価とは，購入数量を加味した平均単価のことで，平均単価を計算する分子は購入金額の総額，分母は購入した総個数になります。

理論的には，その企業の材料の使用の仕方に合わせて，材料費の計算方法を選択すべきです。先入先出法は，多くの材料の動きと一致しますが，タンクに貯蔵される液体や粉などで，後で購入した分が追加されて一体的に使用されるのであれば，移動平均法や総平均法が適した方法になります。現実的には，材料の使用の仕方によって計算方法を変えるのではなく，継続的な利用を前提として，企業が評価方法を一律に選定しています。後に購入した材料を先に使用すると仮定する**後入先出法**については，現在の日本の会計基準では使用することはできませんので，紙幅の関係で本書では紹介しません。

材料の在庫を適切に管理するためには，継続記録法による記帳と同時に，期末に実際に材料の数量を確認する**棚卸計算法**も併用し，継続記録法による在庫量との差を棚卸減耗損として認識すべきです。金額的な重要性が低い材料については，棚卸計算法だけを用いて，存在を確認した在庫数を購入数より控除して使用数を計算する場合があります。この場合には，その期間に使用した総数しかわかりませんし，その中には棚卸減耗分も含まれてしまいます。より重要性が低い材料では，購入時点で全額を費用処理する方法がとられます。この項での記述は，材料だけではなく，製品や商品などの棚卸資産にも当てはまります。

例題 5－3 ㈱プラムの以下のデータにより，材料Ｒの10月の材料費と，10月末の材料残高を，①先入先出法，②移動平均法，③月次総平均法の３種類の方法で計算してください。移動平均法と月次総平均法では，まず平均単価を計算して（小数点第２位を四捨五入），次に使用個数を乗ずることで材料費と材料残高を計算してください。

	日付	数量	単価
月 初 材 料	10月１日	200個	@200
材料の購入	10月10日	600個	@210
	10月20日	200個	@220
材料の使用	10月15日	750個	

解答・解説

① **先入先出法**

材料費：200円×200個＋210円×（750個－200個）＝155,500円

材料残高：210円×（200個＋600個－750個）＋220円×200個＝54,500円

表形式の帳簿（材料元帳）で上記の計算を示すと，以下のようになります。

	購入			使用			残高		
日付	数量	単価	金額	数量	単価	金額	数量	単価	金額
10/ 1	200	200	40,000				200	200	40,000
10/10	600	210	126,000				600	210	126,000
10/15				200	200	40,000			
				550	210	115,500	50	210	10,500
10/20	200	220	44,000				200	220	44,000
合計	1,000		210,000	750		155,500			

② **移動平均法**

10/10の平均単価：$\frac{200円×200個＋210円×600個}{200個＋600個}$＝207.5円

材料費：207.5円×750個＝155,625円

材料残高：207.5円×（200個＋600個－750個）＋220円×200個＝54,375円

	購　入			使　用			残　高		
日付	数量	単価	金額	数量	単価	金額	数量	単価	金額
10/ 1	200	200	40,000				200	200	40,000
10/10	600	210	126,000				800	207.5	166,000
10/15				750	207.5	155,625	50	207.5	10,375
10/20	200	220	44,000				250	217.5	54,375
合計	1,000		210,000	750	207.5	155,625			

③　**月次総平均法**

平均単価：$\dfrac{200円\times200個+210円\times600個+220円\times200個}{200個+600個+200個}=210円$

材料費：210円×750個＝157,500円

材料残高：210円×（200個＋600個＋200個－750個）＝52,500円

	購　入			使　用			残　高		
日付	数量	単価	金額	数量	単価	金額	数量	単価	金額
10/ 1	200	200	40,000				200		40,000
10/10	600	210	126,000				800		
10/15				750	210	157,500	50		
10/20	200	220	44,000				250	210	52,500
合計	1,000	210	210,000	750	210	157,500			

移動平均法では，購入のつど平均単価の計算を行っていることから，より精緻な計算ができますが，毎回計算し直すという手間がかかります。月次総平均法は，月に１回計算すればよいという簡便性が大きな長所ですが，月の半ばに使用した材料についても，月末にならないと計算できないという短所があります。なお，平均法で単価が割り切れずに四捨五入した場合には，まず残高を計算し，差額で材料費（消費額）を計算する方法と，先に材料費（消費額）を計算し，残高で調整する方法の両方がありますが，誤差の重要性は小さいので実務的にはどちらでもいいと思います。

One Point：平均単価の計算について

移動平均法と総平均法では，購入した材料の量を反映する**加重平均法**で平均単価を計算します。加重平均法の計算式の分子は，単価に材料の購入量を乗じた金額の合計値である総購入価額であり，分母は総購入個数になります。このように，移動平均法と総平均法は，ウェイトを考慮した平均法であり，単純に価格を足して価格の数で割る**単純平均法**よりも理論的であるとされています。

しかし，日常生活では，意識せずとも単純平均法による計算を行っています。たとえば，同じ種類の野菜の価格が昨日は100円で今日が110円であれば，何個購入したとしても，ほとんどの人は，平均単価を（100円＋110円）÷２＝105円と計算するでしょう。会計の勉強をすると，加重平均法を当たり前の計算方法と思いがちですが，実は日常で行っている計算方法とは異なる特殊な計算方法なのです。

5　予定価格による材料の消費金額の計算

ここまでは，実際購入価格に基づいた材料費の計算を説明しましたが，実際の購入価格での材料費の計算は煩雑ですし，選択する方法により材料費の金額が違ったり，月次総平均法では月末まで材料費を計算できなかったりしました。このような問題を防ぐために，材料費の計算を**予定価格**で行う場合があります。予定価格での材料費の計算は，計算が簡単になる，同一の価格で材料費が計算される，材料の消費時から遅滞なく材料費を計算できるなどの長所があります。その一方で，材料の実際価格と予定価格が異なることから，その差額である**材料消費価格差異**を会計上どのように処理するのかという問題も生じます。

予定価格を使用する場合の材料費勘定の記入は，以下の手順により行います（手順で示した仕訳の単位は千円です）。**図表５—５**では，手順の１から４までの仕訳の勘定記入を示しています。予定価格を使った場合，材料の消費と同時に材料費の金額を確定するために，材料費勘定では先に貸方を記入し（手順１），次に借方を記入する（手順２）ということに注意してください。

1．予定価格×材料実際消費量によって計算した金額を，材料費勘定の貸方より仕掛品勘定または製造間接費勘定に振り替えます。図表５—５では，仕掛品Ａに500千円，仕掛品Ｂに300千円を振り替えています。

（借）	仕掛品Ａ	500	（貸）材　料　費	800
	仕掛品Ｂ	300		

2．実際価格×材料実際消費量によって計算した金額を，材料勘定の貸方より材料費勘定に振り替えます。図表５—５では，材料費勘定の借方に820千円が計上されています。

（借）	材　料　費	820	（貸）材　　料	820

3．材料費勘定の借方と貸方の差額を計算し，材料消費価格差異勘定に振り替えます。図表５—５では，820千円（借方）と800千円（貸方）の差額の20千円が材料消費価格差異の借方に振り替えられます。この振替により，材料費の残高は０千円になります。

（借）	材料消費価格差異	20	（貸）材　料　費	20

4．材料消費価格差異勘定の貸方から売上原価勘定の借方に振り替えます。この振替により，材料消費価格差異の残高は０千円になります。

（借）	売上原価	20	（貸）材料消費価格差異	20

予定価格を使っても，実際消費量に乗ずるのであれば，その結果算定される金額は実際原価と考えます。価格については大きな変化が起こる可能性は低く，予定価格と実際価格の差が小さいことが想定されているものと思われます。なお，材料消費価格差異は，原則としてその年度の売上原価に賦課します（原価計算基準47㈠１）。

図表5－5　予定価格を使った場合の材料費の勘定記入

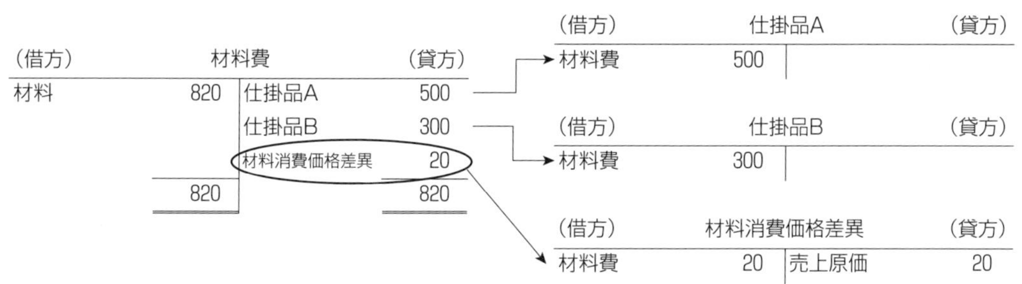

6　材料費の削減方法

①　材料費削減の2つの視点

材料費は，「価格（単価）×材料使用量」で計算しますが，価格は材料勘定の借方で，材料使用量は材料勘定の貸方で管理します。つまり，材料費を削減するためには，購入時点で価格の管理を行い（材料勘定の借方の視点），製造時点で使用量の管理を行う（材料勘定の貸方の視点）必要があります。材料勘定の借方には材料の取得原価が計上されますが，価格は購入時点でしか管理できません。一方，材料勘定の貸方に計上される材料費は，価格を所与として，材料の使用量の多寡によって金額が決まります。材料の使用量は，購入時点ではコントロールできませんので，製造活動の効率化により削減することになります。

②　材料購入価格の引下げについて

材料の取得原価は，サプライヤーからの購入価格を引き下げることで小さくなり，結果として材料費を削減できます。サプライヤーとの価格引下げ交渉や，価格がより安いサプライヤーへの変更は，材料価格引下げの一般的な方法です。価格を引き下げるだけではなく，運送費や発注費などの副費を下げることでも，材料費は削減できます。

自動車産業では，異なる車種間で部品を共有化して大量に注文することで，購買コストを下げています。一方，過度の部品の共通化は，製品ごとの個性を喪失させるという批判もあります。企業グループ全体で事務用消耗品の共同購買を実施し，価格を引き下げているケースもありますが，同じ材料や部品を使用する製品の製造がグループ内で同時期でないと，企業グループ全体での材料の購入量を決定できないことや，材料のコード番号をグループ企業間で統一するのが難しいことなどから，材料や部品の共同購買は難しいようです。

材料や部品の品質が悪いと，それを使用した製品が不具合を起こし，顧客からの信頼を失ったり，リコールのために多額の損失が発生したりしかねません。そのため，単に材料や部品の購入単価を下げるだけではなく，必要とされる品質の確保も重要です。そのためには，購買部門が発注をするときの基準に，価格だけではなく品質や納期も含める必要があります。

③ 材料使用量の削減について

製造プロセスでさまざまな工夫をして，使用される部品点数や材料の消費量を削減するなど，製造部門の地道な努力が材料費の削減につながります。製造の途中で不具合が生じて仕掛品を廃棄すれば，使用した材料が無駄になるので，できるだけ不良品を減らす努力をします。木材や金属板から部品の型を取るときに，部品にならない部分が多いと材料の無駄遣いになりますので，なるべく多くの割合を完成品で使用するように工夫をします。造幣局の工場見学で聞いたところ，貨幣の型を打ち抜いた後の圧延板を溶解して，再び圧延板にして再利用しているとのことでした。

7 材料の在庫の管理方法

① ABC 分析

購入価格の大小によって，材料や部品をＡランク，Ｂランク，Ｃランクの３つのカテゴリーに分類し，管理方法を変えるのが**ABC 分析**です。価格が中程度であるＢランクの材料や部品は，材料元帳を作成して継続記録法による在庫管理を常時実施する一方で，期末の帳簿棚卸高を実地棚卸高と比較して棚卸減耗を把握することで，期中の管理状況を検証します。

高価な材料や部品は，リスクが高いためにＡランクに分類し，Ｂランクの管理を前提として，倉庫での実在性を１つずつ常に検証していきます。一方，価格が極端に安く大量に使用するクギなどの材料はＣランクに分類し，購入時に消耗品費として費用処理して，在庫が一定の量になったときにまとめて発注します。Ｃランクの材料は，発注のタイミングのみ管理し，コスト・ベネフィットの関係から実在性に関する在庫管理は行いません。なお，販売用の商品については，ランク分けを売上高の大きさに分けて行うのが一般的ですが，在庫管理ではなく，売れ筋商品を重点管理することで，販売機会の逸失による機会損失の防止を主目的としていることになります。

② JIT（Just-in-Time）

JIT では，「**かんばん**」と呼ばれる作業指示書を使って，後工程が必要とする量の部品や仕掛品を前の工程に指示します。前工程は手持ちの在庫の中から，指示された量の部品や仕掛品を後工程に引き渡し，その分の部品や仕掛品を製造します。

材料の納入までJITを実施し，サプライヤーから必要な量の材料だけを多頻度で納入することができれば，材料の在庫も減少します。そのためには，サプライヤーが自社工場の近くに位置していること，製造量が平準化していて急に大量の材料を発注しないことなどの条件が必要であり，どの範囲までJITを導入しているのかは，企業または工場によって異なります。

JITの導入によって材料や仕掛品が減少しますが，会計的な効果は第一義的には費用（売上原価）の削減ではなく，資金効率の改善にあります。**図表5―2**の原料勘定をみればわかるように，貸方の在庫を減らしても，最終的に材料費は変わらず，製造原価自体には影響を与えません。JITを導入した効果は，売上原価の削減ではなく，借方の購入額（現金預金の支出）の減少であり，在庫に投資された資金などのキャパシティを解放して，ほかの活動に有効利用して資金効率を改善することにあります。ただし，在庫の減少により，倉庫関係の保管費用や廃棄損等の減少にもつながりますので，費用減少について副次的な効果は存在します。

なお，同じ在庫の削減でも，**制約理論（TOC：Theory of Constraint）**では，スループットを増やすことで在庫の滞留を防ぎます。工程にボトルネックが存在するために，在庫が滞留し需要をまかないきれない状況のときに，ボトルネックを解消することで製造量を増やし，必要な製品を納期内に作り販売します。スループットの増加は売上の増加を，在庫の滞留の防止は在庫の削減を意味しています。必要ない在庫は作らないというJITに対して，TOCでは必要な製品をより早く作ることでスループットを増やし，在庫の削減と売上の増加を同時に目指します。

8　材料の期末評価

例題5－3の解答で示した材料元帳では，残高欄に在庫数が記載されます。この数値は，継続記録法による記入に基づいた帳簿上のあるべき残高ですので，記入ミス，盗難，紛失などによって，実際の在庫数と一致しないことがあります。実務では，決算に合わせて，実際に材料の数を数える**実地棚卸**という作業を実施します。実地棚卸では，材料名と数量を記載した**棚札**を事前に作成し，実際に材料を数えて（計測して），記載事項との整合性をチェックします。材料の**帳簿棚卸高**（帳簿上のあるべき残高）と実地棚卸高が違う場合は，棚卸減耗損を計上して経費として処理します。貸借対照表には実地棚卸高に基づいた材料の評価額を計上します。

例題5－4　㈱プラムの材料Ⅰの帳簿上の期末評価額は52,500円（@210×250個）ですが，実地棚卸をしたところ，230個しか存在しないことがわかりました。単価は210円で変化しないものとして，棚卸減耗損の金額を計算して仕訳をしてください。

●**解答・解説**（単位：円）

棚卸減耗損の金額は，@210円×（250個－230個）＝4,200円と計算できます。以下の仕訳は，棚卸減耗損の計上だけではなく，経費への振り替えまで示しています。

（借）	棚卸減耗損	4,200	（貸）材　料	4,200
	経　費	4,200	棚卸減耗損	4,200

One Point：実地棚卸での棚札の利用について

実地棚卸の目的は，在庫の数（または量）を測定することですが，そのときに起こりうるミスは，①二重計上と②測定漏れの２種類です。実地棚卸では，在庫の種類と数をあらかじめ書いた「棚札」と呼ばれるカードを利用します。実地棚卸で計測した数値は棚札に記入され，棚卸実施済みの在庫に置きます。計測値を記入した棚札が置いてある在庫は，すでに計測したことを視覚化できますので，もう一度測定する二重計上は起こりません。また，棚札が置かれていない在庫はまだ測定していないことになり，測定漏れも防げます。棚札には通し番号がつけられ，すべて回収したのちに集計をします。最近はバーコードや電子タグが活用されており，棚札と併用（または代替）されているようです。

Focus 5　日産自動車のリバイバルプラン

日産自動車では，赤字が続いたために，1999年に中期経営計画としてリバイバルプランを作成し，３年間で20%のコスト削減を購買戦略の目標としました。そのために掲げた施策とその他のコスト削減目標の結果は以下のとおりです。

リバイバルプラン	結果
サプライヤーの数を50%削減	部品メーカーを40%削減 サービスサプライヤーを60%削減
７工場から４工場へ	４工場
自動車の基本的な構成要素であるプラットホームを24から15に削減	プラットホームは15に
販売費及び一般管理費の20%削減	25.07%削減（損益計算書より計算）
財務コストの削減	900億円から200億円に
従業員数の21,000人（14%）削減	22,900人削減

リバイバルプランは，目標を１年間前倒しした２年間で20%の購買コスト削減を達成しましたが，次の中期経営計画である日産180では，３年間でさらに15%のコスト削減を求めており，サプライヤーに対して厳しい内容になっています。

（出所）日産自動車『日産リバイバルプラン』（1999.10.18資料），『日産自動車2001年度決算プレビュー』，1998年度および2001年度有価証券報告書

第５章の Key Word

1．形態別分類，材料，材料費
2．取得原価，外部副費，内部副費
3．材料元帳，継続記録法，棚卸計算法
4．個別法，先入先出法，移動平均法，総平均法
5．ABC 分析，JIT（Just-in-Time），TOC
6．帳簿棚卸高，実地棚卸，棚卸減耗損，棚札

Exercise

5－1　以下の文章の（　）内に適当な語句を入れてください。

材料費の金額は（　①　）勘定の貸方で計算し，材料費勘定の借方に振り替えます。材料費勘定の貸方からは，特定の製品の製造のために使われた（　②　）の金額を（　③　）勘定に振り替え，複数の製品の製造のために使われた（　④　）の金額を（　⑤　）勘定に振り替えます。材料費の計算方法として，先に購入した材料から使用すると仮定する（　⑥　）法，材料を購入するたびに平均単価を計算し直す（　⑦　）法，購入した材料の平均単価を月末に一括して計算する（　⑧　）法があります。このような継続記録法による計算のほかに，期末に存在する材料をもとに材料費を決定する（　⑨　）もあります。

①		②		③	
④		⑤		⑥	
⑦		⑧		⑨	

5－2　以下の資料をもとに，先入先出法，移動平均法，月次総平均法で，５月の材料費と材料残高を計算してください。円未満の端数については四捨五入してください。また，問題で与えられた数字だけを使い，途中経過を出さないで，それぞれの計算式を示してください。

月初材料	５月１日	120個	購入単価　@120
材料の購入	５月12日	180個	購入単価　@126
	５月24日	60個	購入単価　@114
材料の使用	５月18日	240個	

		金額	計算式
先入先出法	材料費	円	
	材料残高	円	
移動平均法	材料費	円	
	材料残高	円	

月次 総平均法	材料費	円	
	材料残高	円	

5—3　以下の資料に基づいて１月の材料費を計算したときに，①先入先出法，②移動平均法，③総平均法で計算される材料費を計算し，金額に違いが生じる理由について，材料の単価の変化に注目して説明してください。単価の計算で端数が生じる場合には，小数点第２位を四捨五入してください。

月初材料	１月１日	450個	@250
材料の購入	１月９日	800個	@260
	１月25日	750個	@258
材料の使用	１月18日	1,200個	

①	円	計算式：
②	（単価）円	計算式：
	円	計算式：
③	（単価）円	計算式：
	円	計算式：

5—4　以下の問いに答えてください。

㈱武庫川スペースでは，部品の購入価格を評価基準として，購買担当者の業績評価を行い，安価な部品を購入すると良い評価をつけています。このような評価基準を採用した場合に生じうるリスクと，その対応策について述べてください。

5—5　レポート用課題：バジェタリースラック(5)

目白：グッズの製作は㈱エリウサに外注しているし，この会社に材料なんてあるのかしら。

S先生：確かに製造業的な材料はないですね。でも，舞台装置（大道具）を作るときの資材は材料と考えてもいいと思いますよ。

【問題】バジェタリースラックの貸借対照表には，どのような在庫（材料，仕掛品，製品）を計上すべきでしょうか。また，どのように在庫管理を行えばよいでしょうか（在庫管理の意味は広くとらえて考えてください）。

《解答と解説》

5―1

①	材料	②	直接材料費	③	仕掛品
④	間接材料費	⑤	製造間接費	⑥	先入先出
⑦	移動平均	⑧	（月次）総平均	⑨	棚卸計算法

5―2

		金額	計算式
先入先出法	材料費	29,520円	120円×120個＋126円×（240個－120個）
	材料残高	14,400円	126円×（120個＋180個－240個）＋114円×60個
移動平均法	材料費	29,664円	$\frac{120円 \times 120個 + 126円 \times 180個}{120個 + 180個} \times 240個$
	材料残高	14,256円	$\frac{120円 \times 120個 + 126円 \times 180個}{120個 + 180個} \times (120個 + 180個 - 240個) + 114円 \times 60個$
	材料残高（別解）	14,256円	$120円 \times 120個 + 126円 \times 180個 + 114円 \times 60個 - \frac{120円 \times 120個 + 126円 \times 180個}{120個 + 180個} \times 240個$
総平均法	材料費	29,280円	$\frac{120円 \times 120個 + 126円 \times 180個 + 114円 \times 60個}{120個 + 180個 + 60個} \times 240個$
	材料残高	14,640円	$\frac{120円 \times 120個 + 126円 \times 180個 + 114円 \times 60個}{120個 + 180個 + 60個} \times (120個 + 180個 + 60個 - 240個)$

電卓では最終的な金額を計算できても，「問題で与えられた数字だけを使い，途中経過を出さない」という条件で計算式を書くのは意外と難しいものです。他人に説明するときには，プロセスをいかに丁寧に説明できるかが，実務での重要なポイントですので，あえてこのような問題を作成してみました。材料費と材料残高の合計は，３つの方法で一致しますので，自分の解答を確認する方法として覚えておいてください。

5―3

①	307,500円	計算式：250円×450個＋260円×（1,200個－450個）
②	（単価）256.4円	計算式：$\frac{250円 \times 450個 + 260円 \times 800個}{450個 + 800個}$
	307,680円	計算式：256.4円×1,200個
③	（単価）257円	計算式：$\frac{250円 \times 450個 + 260円 \times 800個 + 258円 \times 750個}{450個 + 800個 + 750個}$
	308,400円	計算式：257円×1,200個

材料単価が１日よりも９日の方が上昇しているので，安価な材料から先に使用される先入先出法で計算した材料費の方が，平均的に材料を使用する移動平均法で計算した材料費よりも小さい金額になります。その後材料単価が下落しましたが，25日の購入単価は，月初材料の単価よりも８円高いために，１月全体の平均値で計算する総平均法の方が移動平均法で適用した平均単価よりも0.6円大きく，結果として総平均法で計算する材料費がもっとも高い金額になります。

先入先出法で計算した材料費の平均単価は256.25円（307,500円÷1,200個）ですので，平均単価を比較すると以下のようになります。

256.25円（先入先出法）＜256.4円（移動平均法）＜257円（総平均法）

5－4

サプライヤーから購入した部品が，製品の品質不良を引き起こすケースがしばしばあります。安い価格の材料を購入すると良い評価をつける方針では，購買担当者が，品質が悪くても安い部品を選択するリスクがあります。購買担当者の業績評価を部品の価格だけで行わずに，品質や納期に関する非財務的指標を業績評価基準に加えることで，このようなリスクを予防できます。

第6章 労務費と経費の計算

1　労務費について

労働用役の消費によって生ずる原価を**労務費**といいます（原価計算基準8㈠）。材料費と同じく，労務費も雑多な費用の集合体であり，工場で製造活動や管理活動に従事する従業員の給料，臨時工やアルバイト社員の賃金，従業員賞与手当，退職給付費用，福利費（工場従業員の健康保険料のうち会社が負担する金額）などが労務費として集計されます。

このうち，生産ラインで製造活動に従事している従業員や臨時工を直接工といい，直接工に対する給料や賃金を直接労務費として仕掛品に振り替えます。一方，機械の保守と修理，材料の運搬など，製造工程を補助する作業をする従業員を間接工といい，間接工の給料や賃金は間接労務費として製造間接費に振り替えます。直接工が間接作業をした場合は，作業した時間に見合う労務費を間接労務費とします。

例題1－1　以下の仕訳を示してください。

① 工場で働いている従業員の給料500千円を現金で支払った。

② 直接工に支払った賃金は，そのうち400千円である。直接工の労働は，すべて製造活動のために使われている。

③ ①の給料500千円のうち，100千円は工場の事務部門で働く従業員の給料である。

解答（単位：千円）

①	（借）労務費	500	（貸）現金	500
②	（借）仕掛品	400	（貸）労務費	400
③	（借）製造間接費	100	（貸）労務費	100

2　給与支払額に基づく労務費の計算

多くの企業では，月末ではなく20日ごろに給与が支給されています。原価計算期間は月次で行うので，給与の基準計算日が原価計算期間と異なる場合には，支払った給与の金額に基づいて，月次の給与の金額（原価計算上の労務費）に計算し直す必要があります。たとえば，給与の基準計算日が毎月20日だとすると，10月に支払われる給料は，前月の９月21日から当月の10月20日までの労働に対する対価であり，前月分（９月21日～30日）の労働に対する対価が含まれています。逆に，10月21日から31日までの給料は，翌月の11月に支払われます。10月の原価計算期間は10月１日から10月31日ですので，原価計算で10月の労務費を計算するときには，10月の給料未払額（10月21日～31日分）を加算し，逆に10月の給料支払額に含まれている９月分の給料未払額（９月21日～30日分）を差し引く計算をします。

例題６－２ ㈱ユカールでは，毎月20日を給与計算の基準日としています。ユカールで働く直接工の10月の給与支払総額は12,000千円でしたが，そのうちの2,100千円は９月分（９月21日～30日）の未払額でした。また10月21日～31日の給料の未払分は2,300千円と計算されました。以上の条件より，10月の原価計算上の労務費を計算してください。

●解答・解説

12,000千円＋2,300千円－2,100千円＝12,200千円

下の図は９月21日から10月31日までの時間の流れを表しており，直線の下の部分は10月の給料の支払額12,000千円と，10月分の未払額2,300千円を示しています。直線の上の左には９月分の未払額2,100千円が示されており，この部分を下の部分の合計額から差し引くと，10月１日から31日までの給料，すなわち原価計算上の労務費を計算することができます。

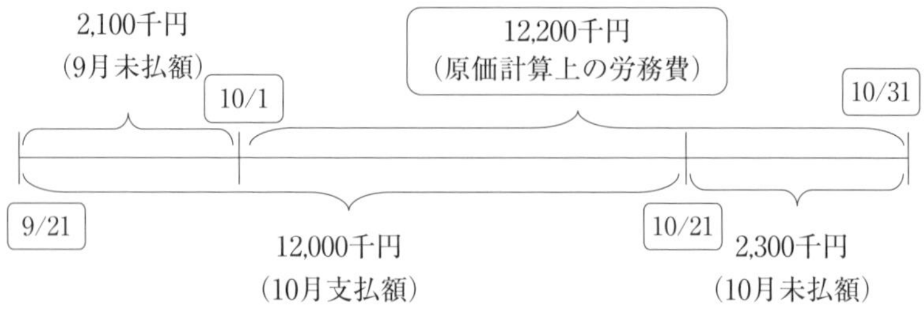

図表６－１は，上記の図を勘定記入形式で示しています。当月支払額の12,000千円と当月未払額の2,300千円が労務費勘定の借方に，前月未払額の2,100千円と原価計算上の労務費12,200千円が労務費勘定の貸方に記入されます。直接工は間接作業をしていないと仮定すると，労務費勘定の貸方に計上した12,200千円はすべて直接費になり，仕掛品勘定の借方に振り替えられます。図表６－１と上の図を対比してみればわかるように，労務費勘定の借方の記入内容は，上の図の下側の金額に対応しており，貸方の記入内容は上側の金額に対応しています。

図表6―1　労務費勘定の記入方法

労務費			(千円)
当月支払	12,000	前月未払	2,100
当月未払	2,300	仕掛品	12,200
	14,300		14,300

仕掛品			(千円)
労務費	12,200		

例題6-3　9月分の未払額は未払賃金勘定に計上しているものとして，例題6-2の9月30日，10月1日，10月21日，10月31日の仕訳を示してください。給料は会社の普通預金口座から振り込んでいるものとします。

解答・解説（単位：円）

9/30	(借)	労 務 費	2,100	(貸)	未払賃金	2,100
10/1	(借)	未払賃金	2,100	(貸)	労 務 費	2,100
10/21	(借)	労 務 費	12,000	(貸)	普通預金	12,000
10/31	(借)	労 務 費	2,300	(貸)	未払賃金	2,300
		仕 掛 品	12,200		労 務 費	12,200

10/1の仕訳は，前月に計上した未払賃金の再振替仕訳になります。この仕訳をすることで，10/21に支払う給与のうち2,100千円は当月分の労務費には該当しないことになります。なお，図表6―1は10月分の勘定記入ですので，9/30の仕訳は反映されていません。また，10/1の仕訳をしていなければ，10/21の仕訳は以下のようになります。労務費9,900千円は10/1～10/20分の給与になります。

10/21	(借)	未払賃金	2,100	(貸)	普通預金	12,000
		労 務 費	9,900			

3　予定賃率による労務費の計算

労務費を実際の発生額で計算すると，原価計算上の労務費を計算するために，例題6-2のような調整計算が必要になりますし，月の途中で製造活動が終了しても，その製品に労務費を集計することができません。この課題を克服するために，実際賃率ではなく**予定賃率**を用いて，「予定賃率×実際作業時間」で労務費の計算を行うことがあります。予定賃率は，個別の従業員ごとではなく，同じ作業場または同じ年齢層の従業員の平均賃率を用いるのが一般的です。材料費で予定価格を用いるときと同様に，労務費の計算で予定賃率を用いると，実際の労務費との差異が生じます。この差異を**賃率差異**といいます。

例題 6－4 ㈱エリウサでは労務費の計算を予定賃率で行っています。中堅の工員の予定賃率を＠2,200円，10月の直接作業時間を500時間として，労務費の計算をしてください。また10月の実際の労務費が1,200,000円のときに賃率差異を計算してください。

●解答・解説

労務費：2,200円×500時間＝1,100,000円

賃率差異：1,100,000円－1,200,000円＝△100,000円（不利差異）

予定賃率で計算した労務費は110万円ですが，実際の労務費は120万円でした。予定したよりも10万円労務費が多かったので，会社にとっては望ましくない事態であり，このような差異を**不利差異**といいます。もし，実際の労務費が105万円であれば，予定した110万円よりも実際に発生した金額が５万円少ないことになるので，会社にとっては望ましい差異という意味で**有利差異**と表現します。

One Point：原価計算における労務費の扱い

正社員の給与は，固定費である基本給等と，働いた時間に応じて変動する残業代等により構成されていますので，固定費部分が大きい準変動費になります。しかし，労務費を製品別に計算するときには，作業時間に比例して発生する変動費として，賃率×直接作業時間で計算します。このような計算方法は，働いた時間に応じて賃金が支払われるアルバイト工や臨時工には当てはまりますが，正社員には当てはまりません。そのため，個々の労働者の作業状況によっては，実際賃率を使っても，労務費の合計額が実際発生額と異なる場合がありえます。

4　労務費の削減について

①　賃率と作業時間の管理

労務費は「賃率×作業時間」で計算できますので，材料費と同様に，労務費の削減についても，労務費勘定の借方（賃率）と貸方（作業時間）の両者から検討できます。労務費勘定の借方の観点からは，給料の引下げや，より安い賃率（給料）の労働者の新規雇用など，賃率のコントロールによって労務費を削減できますが，このような施策は，従業員のやる気を阻害して，製造効率の低下や製品の品質悪化を招くリスクがあります。

一方，労務費勘定の貸方の観点からは，材料費と同じく，製造プロセスを効率化することで，作業時間を短縮して労務費を削減することができます。たとえば，車体の下部を加工するときに，車体の下に従業員が潜るのではなく，斜体を斜めに立てかけて従業員が立ったまま加工をする自動車工場もあります。このように，作業をしやすい姿勢で部品を取り付けられるように製造工程を設計したり，多数の部品を順序良く取ることができるように，部品収納容器を作ったり，工場の動線を複雑

にせず直線化することで，人や物の移動時間を短縮するなど，さまざまな工夫が行われています。

②　作業効率の改善方法

製造プロセスの業務を改善するために，QC サークル，TQC，シックス・シグマなど，さまざまな活動が行われています。**QC サークル**の QC は Quality Control の略語であり，製造現場の従業員が終業後に自主的に行う改善のための小集団活動を意味しています。QC サークルは，計量的なデータによって改善活動の効果を示すことが特徴で，企業グループ全体での報告会や，優秀な報告への社長表彰などを実施することで，従業員を動機づける企業もあります。その一方で，自主的という名目でサービス残業が強要されているという批判もあります。製造現場の従業員の小集団活動を拡大し，製造現場全体，さらには本社部門や営業も含む企業グループ全体で QC 活動を行う場合を **TQC**（**Total Quality Control**）といいます。

シックス・シグマは，製造部門だけではなく本社部門にも適用可能なこと，より統計的な色彩が強いこと，導入手順が確立しており，グリーン・ベルト，ブラック・ベルトなど，レベル分けした資格化が行われていることなどの特徴があります。シックス・シグマは，製造部門だけではなく本社部門にも適用可能であり，汎用性が高い手法です。

生産方法自体では，ベルトコンベアーによる流れ作業ではなく，１人の工員がすべての組立作業を完遂する**セル生産方式**も注目を集めています。セル生産方式で効率性を高めた事例は多く報告されていますが，すべての組立てを１人で行う高い熟練度を工員が持つ必要があります。したがって，誰もがセル生産方式に対応できるわけではなく，マイスター制度などの社内資格を設けている工場もあります。

5　経費の定義と分類

①　経費の定義

減価償却費，棚卸減耗損，福利施設負担額，賃借料，修繕料，電力料，旅費交通費など，材料費と労務費以外に，製造のために使われた原価要素を**経費**といいます（原価計算基準８(一)）。経費勘定の借方には発生額が集計され，貸方は直接費と間接費に分類し，直接費は仕掛品勘定に，間接費は製造間接費勘定に振り替えます。

設計費や特定の製品を製造するための機械の減価償却費などは直接費ですが，大部分の経費は製造間接費であり，仕掛品勘定への配賦が最大の課題になります。仕掛品勘定への配賦は，製造間接費から直接配賦する一括（総括）配賦法（第７章），部門別に計算し直して配賦する部門別計算（第９章），本書では説明を割愛していますが，原価計算基準には書かれていない応用的な方法として，活動別に計算し直して配賦する活動基準原価計算の３種類の方法があります。

② 経費の分類

原価計算基準13では，発生経費，月割経費，測定経費の３種類に経費を分類しています。一般的な経費は**発生経費**に分類され，財務会計上の発生基準による費用計上の考え方に基づいて計上します。発生経費は，支払経費と（狭義の）発生経費に細分されることがあります。前者の**支払経費**は，対外的な取引に基づいて対価が決定される経費であり，大部分の経費は支払経費に含まれます。後者の（狭義の）発生経費は，前年度の前払費用の再振替額や今年度の未払費用，棚卸減耗損など，発生主義に基づいて決算整理事項などで仕訳が行われる経費を意味しています。

減価償却費などの**月割経費**は，財務会計上は年に一度の決算整理仕訳で計上されますが，原価計算期間（月次）に合わせて月割りで計算します。水道料や電気代など，月の途中で消費量が計測されて支払額が決まる**測定経費**は，原価計算期間の発生額と一致していません。そのため，会社側で月の始めから月末までの消費量を計測し，それに対応する金額を原価計算上の経費とします。

One Point：単位原価に対する減価償却費の影響

大量生産品を複数の工場で製造している企業があります。たとえば，アサヒビールのアサヒスーパードライは，北海道工場，茨城工場，神奈川工場など，多くの工場で製造しています。複数の工場で同じ大量生産品を製造している場合，工場の設立年数や規模によって，工場建物と機械の取得原価が違いますので，工場により減価償却費の金額が異なります。さらに，工場の生産キャパシティが違えば生産量も異なるので，固定費である減価償却費の製品への配分額が異なってきます。このように，工場によって減価償却費と生産量が異なるために，必然的に１単位当たりの製品が負担する減価償却費も異なります。つまり，同じ製品であっても，製造する工場によって，実際原価により計算した単位原価は違うことになります。しかし，同じ製品について，どの工場で製造したかによって価格を変えるという話は，聞いたことがありません。

遠方の工場で作れば，それだけ多くの輸送費がかかることになります。特にビールは液体で重さがあり，重いわりに単価は安いという商品特性がありますので，輸送費が利益に与える影響も大きくなります。ビール会社は全国に工場を持ち製造していますが，輸送距離を小さくして輸送費を節約することも１つの理由ではないでしょうか。この点からは，小規模な蔵元が作る日本酒や焼酎などは，輸送費を価格に転嫁しないと利幅が小さくなるために，地元の値段と東京などの大都市での価格が異なる可能性があります。海外からの輸入品については，輸送費だけではなく関税が加算されることから，金額の変動はより大きくなりますが，為替の影響で大幅な為替差益が生じれば値下げの可能性もあります。

6　サプライヤーとの取引の処理

サプライヤーから購入した部品は買入部品（資産）に計上し，使用時に買入部品費に振り替え，最終的には材料費を構成します。ところで，購入側の企業が材料を提供して，それをサプライヤーに加工させた場合は，どのような処理をすべきでしょうか。材料を無償で提供するか有償で提供するかにより会計処理は異なりますが，いずれにしてもサプライヤーに提供した材料の数量管理を行って，サプライヤー側での紛失や横領がないようにする必要があります。

サプライヤーに材料や部品を無償で提供し，加工や組立てだけを依頼した場合は，完成した部品や最終製品を受け取るときに**外注加工賃**を支払います。この場合は，サプライヤーに材料を渡したときに材料費に振り替え，加工した部品の受取時に外注加工賃の支払いの仕訳をするのが適当です。外注加工賃は実質的には人件費なのですが，外部のサプライヤーに支払う金額ですので，労務費ではなく経費とします。外注加工賃は外注加工費と呼ばれることもあります。

原材料をサプライヤーに有償で提供し，加工した部品を買い戻す場合は，有償支給時の価格を材料の原価とする場合と利益を載せる場合の２通りが考えられます。ここでは価格を原価ベースで決める場合の処理だけを解説します。

例題６−５　㈱エリウサでは，サプライヤーに材料を有償支給し，加工後の材料を買い戻しています。材料の原価を500円，加工した材料の買取価格を600円として，①販売時と②加工した部品の買取時（代金は月末支払い）の仕訳をしてください。

●解答・解説（単位：円）

①	（借）未収金	500	（貸）材　料	500
②	（借）材　料	600	（貸）未収金	500
			買掛金	100

②の借方は，材料500円と外注加工賃100円に分割する場合もありえます。なお，外注に関する会計処理は，「収益認識に関する会計基準」により影響を受ける可能性があります。

ところで，サプライヤーが子会社である場合は，親会社単独の原価計算では外注加工賃を計上しますが，連結会計では子会社の同額の収益と相殺消去し，子会社で計上している労務費が製造原価に組み込まれます。一方，外注加工賃を計上せずに，部品を購入した原価に含める場合には，連結会計上は材料と相殺することになり，その後の仕掛品への振替計算にも影響を与えます。**連結原価計算**に言及しているテキストはほぼありませんが，グループ経営の視点からは重要な論点です。

Focus 6 ザ・プレミアム・モルツはなぜ高価なのか

サントリーのビールの中で，ザ・プレミアム・モルツはいわゆるプレミアム・ビールという高価格帯のカテゴリーに属しています。アルコール度数を比較すると，兄弟ブランドのザ・モルツが5％，ザ・プレミアム・モルツが5.5％であり，価格が高いのもうなずけますが，ここでは原価計算，すなわち材料費，労務費，経費の観点から，ザ・プレミアム・モルツが高価格帯の商品である理由を考えてみましょう。

ザ・プレミアム・モルツでは，粒選り麦芽を原料として100％使用しており，二条大麦麦芽にチェコおよび周辺国で算出される希少なダイヤモンド麦芽を加えています。また，欧州産のアロマホップを100％使用していますが，香りが高いファインアロマホップも仕上げに加えており，特別な原料を使用していることがわかります。

さらに，ザ・プレミアム・モルツは，仕込釜で麦汁を煮出すデコクションを2回行う，ダブルデコクション製法を採用しています。このことから，1回しかデコクションをしていないビールよりも作業時間が長く，原価計算上はその分だけ労務費や製造間接費の配賦額（配賦基準が作業時間の場合）が加算されると考えられます。また，仕上げとしてファインアロマホップを追加投入する，アロマリッチホッピング製法でも同様のことがいえます。

Focus 6では，サントリーのHPから得られる情報をもとにして，原価計算への影響を推定してみましたが，3種類の製造原価すべてで価格への影響を考察できました。読者の皆さんも，このような原価計算上の考察をほかの製品でしてみると，テキストで学習した原価計算を実務に関連づけることができると思います。

（参考）サントリーホールディングスHP（商品情報，ビールづくりのこだわり）
2021.8.24アクセス

第6章のKey Word

1．労務費，経費
2．予定賃率，賃率差異，実際作業時間
3．QCサークル，TQC，シックス・シグマ
4．セル生産方式
5．支払経費，発生経費，月割経費，測定経費
6．外注加工費，外注加工賃，連結原価計算

Exercise

6―1 以下の文章の（ ）内に適当な語句を入れてください。

直接工に対する給料や賃金は（ ① ）であり，労務費勘定から（ ② ）勘定の借方に振り替えます。（ ③ ）賃率に直接作業時間を乗じて労務費を計算する代わりに，（ ④ ）賃率を使うこともあります。経費は，（ ⑤ ），減価償却費などの（ ⑥ ），水道光熱費などの（ ⑦ ）の3種類に分類されます。（ ⑤ ）は，狭義の（ ⑤ ）と（ ⑧ ）に細分することもあります。

①		②		③	
④		⑤		⑥	
⑦		⑧			

6—2　㈱武庫川スペースは毎月20日を給与計算の基準日としており，11月の給与支払額は500万円でした。前月の10月分の未払額が12万円で，11月21日から30日分の給与相当額は15万円と計算されました。なお，武庫川スペースでは予定賃率を使って原価計算を行っています。予定賃率は＠2千円であり，11月の作業時間は2,495時間でした。

①　原価計算上の11月の労務費の実際発生額を計算してください。

②　予定賃率を用いて11月の労務費を計算してください。

③　労務費の実際発生額と予定賃率で計算した労務費の差を計算して，有利差異か不利差異かを選択し，その理由を述べてください。

<table>
<tr><td>①</td><td>万円</td><td>計算式：</td></tr>
<tr><td>②</td><td>万円</td><td>計算式：</td></tr>
<tr><td rowspan="3">③</td><td>万円</td><td>計算式：</td></tr>
<tr><td rowspan="2">有利・不利</td><td>理　由：</td></tr>
<tr><td></td></tr>
</table>

6—3　以下のデータをもとに，X1年3月の①支払経費，②狭義の発生経費，③月割経費，④測定経費を計算してください（計算式も示すこと）。会計年度はX1年1月1日～X1年12月31日です。ここで示した費目は，すべてこの工場の製造原価を構成します。

1）X1年3月12日に機械を216,000円で購入した。機械の減価償却は定額法で行う。耐用年数は5年，残存価額は0円である。

2）3月の水道料金は5,000円であったが，測定日は3月15日である。3月1日～3月31日使用量を測定したところ，400m^{3}であった。水道の使用料金は，定額料金が2,000円であり，1m^{3}ごとに8円課金される契約である。

3）棚卸減耗損は毎月計算して在庫の評価に反映している。3月末の材料の帳簿棚卸高は200kgであるが，実地棚卸高は194kgであった。1kgの価格は1,350円である。

4）その他経費（3月に使用）　交通費2,000円，通信費1,500円，消耗品費1,300円
　消耗品費の代金は4月に支払う予定である。

		計算式	金額
①	支払経費		円
②	発生経費（狭義）		円
③	月割経費		円
④	測定経費		円

6—4　㈱プラムでは，100％子会社の㈱ユカールが製造した部品（製造原価10,000円）を12,000円で購入し，それを加工して完成品を製造し，外部に50,000円で販売しました。このときに，プラムでは加工費が28,000円発生しています。

① プラムとユカールが計上する売上総利益を計算してください。

② プラムグループの連結上の製造原価と売上総利益を計算してください。

③ プラムで完成品を外部に販売せず在庫として保有している場合の連結上の売上総利益を計算してください。

		計算式	金額
①	プラム		円
	ユカール		円
②	連結上の製造原価		円
	連結上の売上総利益		円
③	連結上の売上総利益		円

6—5　**レポート用課題**：バジェタリースラック(6)

目白：人件費を細かく計算してみたら，結構負担が大きいことがわかったのよ。

S先生：役者への支払いは，どういうルールでしているんですか。

目白：平均的な出演料は１回の公演で３万円で，そのほかに，稽古１日当たり１万円を払ってるんだけど……。

【問題】目白さんは，以下の３つの改革案を考えています。目白さんが考えた案のメリットとデメリットを考えてください。また，３つの案より優れた案があれば，その案を説明してください。

A案：出演料を変えない代わりに，稽古の手当てを１日8,000円に減額する。

B案：出演料も稽古の手当てもそのままで，稽古の効率を良くして，今までの８割の日程ですむようにする。

C案：役者の出演料を２万５千円にし，稽古の手当てはそのままにする。

《解答と解説》

6—1

①	直接労務費	②	仕掛品	③	実際
④	予定	⑤	発生経費	⑥	月割経費
⑦	測定経費	⑧	支払経費		

6－2

①	503万円	計算式：500万円＋15万円－12万円
②	499万円	計算式：２千円×2,495時間（0.2万円×2,495時間）
③	△４万円	計算式：499万円－503万円＝△４万円
	有利・(不利)	理　由：本来は499万円の労務費が発生するはずが，結果的に503万円発生しており，会社にとって望ましくないので。

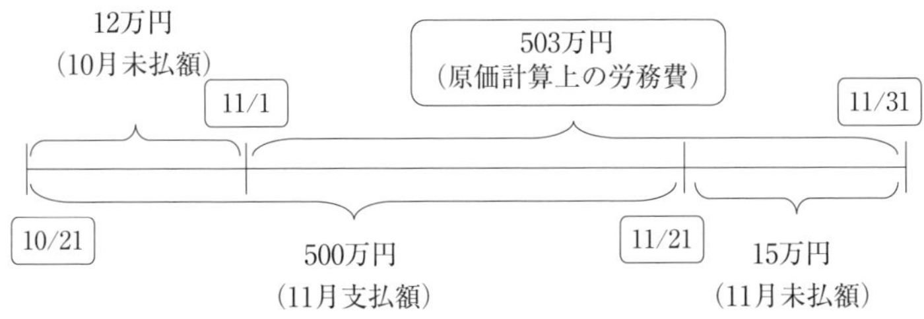

6－3

		計算式	金額
①	支払経費	４）2,000円＋1,500円＋1,300円	4,800円
②	発生経費（狭義）	３）1,350円×（200kg －194kg）	8,100円
③	月割経費	１）（216,000円÷５年）÷12ヵ月	3,600円
④	測定経費	２）８円×400m^3＋2,000円	5,200円

①　消耗品費は４月支払いですが，金額が確定していますので３月の支払経費に含めます。

③　月の途中で購入しても，減価償却費は１ヵ月分計上します。

6－4

		計算式	金額
①	プラム	50,000円－（12,000円＋28,000円）	10,000円
	ユカール	12,000円－10,000円	2,000円
②	連結上の製造原価	10,000円＋28,000円	38,000円
	連結上の売上総利益	50,000円－38,000円	12,000円
③	連結上の売上総利益		０円

①ではプラムで40,000円，ユカールで10,000円の製造原価が発生しており，合計額は50,000円です。②で計算する連結上の製造原価38,000円より12,000円多い金額になっていますが，この12,000円はプラムで発生したユカールからの購入金額12,000円（ユカールの製造原価と利益，すなわちプラムへの売上高）であり，連結会計上は相殺消去仕訳の対象となるため，②では製造原価が①より12,000円小さい38,000円となっています。

③では，プラムは完成品を外部に販売せずに，在庫として保有しています。この場合は，在庫の評価額40,000円（12,000円＋28,000円）の中にユカールが計上した2,000円の利益が未実現利益として含まれていますので，相殺消去の仕訳をします。ユカールは100％子会社ですので，2,000円の利益は全額消去し，連結上の利益は０円になります。また，相殺消去の結果，連結上の在庫（製品）の評価額は38,000円になります。

第7章

製造間接費の配賦計算

1　製造間接費とは

①　製造間接費勘定の借方の記入

製造原価を形態別に材料費，労務費，経費に分類した後に，製品との関連により，直接費と間接費に再分類します。その場合，製造原価は，直接材料費，直接労務費，直接経費，間接材料費，間接労務費，間接経費の6種類に分類し，**図表7―1**に示すように，3つの間接費をまとめて**製造間接費**とします。製造間接費は，製造活動に関する間接費の総称であり，特定の製品やサービスに1対1で直接跡づけることができない雑多な費目の集合体です。

図表7―1　製造原価の分類

形態別分類＼直間分類	直接費	間接費
材料費	直接材料費	製造間接費
労務費	直接労務費	
経　費	直接経費	

製造間接費に含まれる費目として，工場消耗品費や消耗工具器具備品費などの**間接材料費**，直接製造活動には従事していないものの，工場で製造の補助的な活動をしている間接工の賃金や，工場の事務部門で働く従業員の給料などの**間接労務費**，工場建物の減価償却費や水道光熱費などの**間接経費**をあげることができます。

②　製造間接費勘定の貸方の記入

図表7―2に示すように，製造間接費は，材料費，労務費，経費の貸方から，製造間接費勘定の借方に振り替えられ，合計額が集計されます。製造間接費として集計された原価は，その工場で製造している製品を製造するために使用されたので，製造原価を構成します。しかし，直接費のように，どの製品を製造するために使わ

れたのか，1対1で特定させて個々の製品に跡づけることはできません。そのため，直接作業時間や機械作業時間などの基準によって，製品種類ごとの仕掛品勘定に製造間接費を配分します。このような製造間接費の配分を**配賦**（はいふ）といい，そのために用いる基準を**配賦基準**といいます。

たとえば，複数の製品を製造している工場の工場長には，すべての製品の製造を監督する責任があります。したがって，ある特定の製品だけに工場長の給料を負担させるのではなく，製造間接費として認識し，工場で製造されている製品全体に配賦して負担させます。配賦計算の結果は，製造間接費勘定の貸方に反映され，仕掛品勘定の借方に振り替える処理を行います。

図表7—2　製造間接費勘定の勘定記入

（借方）	製造間接費	（貸方）
【投入】		【結果】
間接材料費 間接労務費 間接経費		配賦計算 → 仕掛品A 　　　　　→ 仕掛品B

例題7-1　以下の仕訳を示してください。

① 間接工の給料100千円を現金で支払った。

② 工場建物の減価償却費400千円を間接法により計上した。

③ 間接工の給料100千円と減価償却費400千円を労務費と経費に振り替え，さらに製造間接費に振り替えた。

④ 製造間接費500千円を仕掛品Aに300千円，仕掛品Bに200千円配賦した。

解答（単位：千円）

①	（借）	給料	100	（貸）	現金	100
②	（借）	減価償却費	400	（貸）	建物減価償却累計額	400
③	（借）	労務費	100	（貸）	給料	100
	（借）	経費	400	（貸）	減価償却費	400
	（借）	製造間接費	500	（貸）	労務費	100
					経費	400
④	（借）	仕掛品A	300	（貸）	製造間接費	500
		仕掛品B	200			

例題7-1の仕訳を勘定の流れ図で表すと，**図表7—3**のようになります。なお，品質管理費などとして，関連する業務ごとに間接材料費・間接労務費・間接経費を集計した**複合費**も，間接経費として取り扱います。この場合には，図表7—3の流れで，複合費を表す勘定を，労務費，経費と製造間接費の間に追加する処理を行います。

図表７―３　製造間接費に関する勘定の流れ

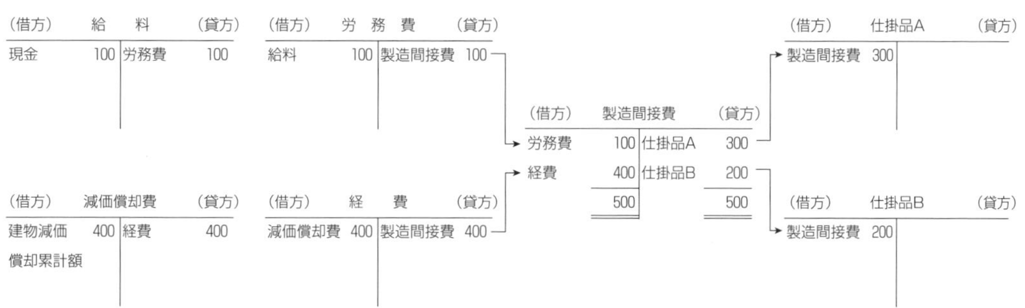

One Point：工業簿記の振替仕訳について

図表７―３は，丁寧な仕訳を前提として勘定の流れを示していますが，問題によっては使用できる勘定科目が指定されており，一部の振替仕訳を省略する場合もあります。図表７―３でも労務費勘定を経由しないで，給料勘定の貸方から製造間接費勘定の借方に給料100千円を直接振り替えることも可能です。

工業簿記の仕訳は，基本的には振替仕訳なので，極端なことをいえば，仕掛品勘定の借方に材料費・労務費・経費を直接計上することもできます。逆に，中間的な勘定科目を挟むこともできます。また，労務費の代わりに賃金勘定を使うこともあります。見慣れない勘定科目が出てくる仕訳の問題では，仕訳をする前に勘定科目の関係性を考えてみるといいと思います。

2　製造間接費の配賦基準と配賦率

製造間接費を仕掛品に配賦するための配賦基準としては，直接作業時間がもっともよく用いられます。製造ラインで働き，製品の製造活動に従事している従業員を直接工といい，機械の修繕や材料の運搬など，製造活動を補助するために働く従業員を間接工といいます。**直接作業時間**とは，直接工が製品の製造活動のために働いた時間であり，直接工がそれ以外の作業のために働いた時間は，直接作業時間ではなく間接作業時間として集計されます。工場で使用されている機械の稼働時間である**機械作業時間**も，配賦基準として使われることがあります。製造間接費を総額で管理し，１種類の配賦基準で配賦を行う方法を**一括配賦法**（または**総括配賦法**）といいます。また，配賦基準１単位当たりの製造間接費を**配賦率**といいます。

製造間接費は直接費ではありませんが，製造活動に関係する配賦基準の大きさに比例して，製品が製造間接費を消費していると仮定して配賦計算を行います。したがって，労働集約的な工場では直接作業時間，オートメーション化が進んでいる工場では機械作業時間が理論的には適切な配賦基準となります。ただし，どちらのタイプかを一概に決められない工場もあり，減価償却方法の選択と同様に，現実的には企業が恣意的に配賦基準を選択していても，継続的に適用されていれば問題ないとします。

例題 7-2 ㈱武庫川スペースの工場では，SR と YK という 2 つの製品を製造しており，11月中に製品 SR を製造するために60時間，製品 YK を製造するために40時間を必要としました。この工場で11月に発生した製造間接費を800,000円として，直接作業時間を配賦基準とした場合の配賦率と，製品 SR と製品 YK への配賦額を計算してください。

●解答・解説

配賦率：800,000円÷（60時間＋40時間）＝8,000円
製品 S R への配賦額：8,000円×60時間＝ 480,000円
製品 YK への配賦額：8,000円×40時間＝ 320,000円

配賦率が8,000円ということは，この工場では，直接工が 1 時間製品の製造活動を実施すると，その製品は直接工の賃金（直接労務費）のほかに，製造原価として製造間接費を8,000円負担することを意味します。それでは，材料費や労務費と同じように，工場で製造プロセスの効率化を行って作業時間を削減すると，製造間接費は減少するのでしょうか。

3　実際配賦の長所と短所

例題 7-1 と例題 7-2 では，工場で実際に発生した製造間接費の金額を仕掛品に配賦しています。実際額に基づいて配賦を行っていますので，このような配賦を製造間接費の**実際配賦**といいます。実際配賦は，現実に発生した製造間接費の金額に基づいて計算していますので，正確性という観点からは大きな長所を持ちます。

その一方で，実際配賦には 3 つの欠点があります。第 1 に，製造間接費の金額が確定するまでは配賦計算ができず，製品原価を計算するのが遅くなります。例題 7 -1 では，もし製品が月の半ばに完成しても，間接工の給料100千円と減価償却費400千円が確定する月末までは，製造間接費の配賦計算を行えません。

例題 7-3 製造間接費の配賦基準を直接作業時間として，以下の問いに答えてください。

① 製造間接費の10月の実際発生額は1,520,000円でした。A 製品の直接作業時間を300時間，B 製品の直接作業時間を100時間として，配賦率と配賦額を計算してください。

② 製造間接費の11月の実際発生額は1,700,000円でした。A 製品の直接作業時

間を300時間，Ｂ製品の直接作業時間を100時間として，配賦率と配賦額を計算してください。

③　製造間接費の12月の実際発生額は1,520,000円でした。Ａ製品の直接作業時間を300時間，Ｂ製品の直接作業時間を80時間として，配賦率と配賦額を計算してください。

●解答・解説

①　配賦率：1,520,000円÷（300時間＋100時間）＝3,800円
　　Ａ製品への配賦額：3,800円×300時間＝1,140,000円
　　Ｂ製品への配賦額：3,800円×100時間＝380,000円

②　配賦率：1,700,000円÷（300時間＋100時間）＝4,250円
　　Ａ製品への配賦額：4,250円×300時間＝1,275,000円
　　Ｂ製品への配賦額：4,250円×100時間＝425,000円

③　配賦率：1,520,000円÷（300時間＋80時間）＝4,000円
　　Ａ製品への配賦額：4,000円×300時間＝1,200,000円
　　Ｂ製品への配賦額：4,000円×80時間＝320,000円

実際配賦の第２の欠点は，製造間接費の金額が変動することで配賦額も変化し，その結果製品の製造原価が変わることです。例題７－３の②では，製造間接費の実際発生額が152万円から170万円に変わることで，配賦率も3,800円から4,250円に増加します。そのため，製造工程の能率は変わらず，配賦基準である直接作業時間は同じであっても，Ａ製品への配賦額が114万円から127.5万円に，Ｂ製品への配賦額が38万円から42.5万円に増加します。

第３の欠点は，ほかの製品の製造効率が変わることで，別の製品の配賦額が変化することです。例題７－３の③では，Ｂ製品の直接作業時間が100時間から80時間に短縮されることで，全体の配賦率が3,800円から4,000円に変化します。全体の製造間接費152万円とＡ製品の直接作業時間の300時間は10月と同じであるのに，Ａ製品への配賦額は10月の114万円から120万円に増加してしまい，あたかもＡ製品の製造効率が悪化したために製造原価が増加したかのような結果になります。

4　製造間接費の予定配賦

①　予定配賦の長所と短所

このような欠点を克服するために，製造間接費の**予定配賦**が行われます。予定配賦を行うために，１年間の製造間接費予算を定め，その金額を年間の予定配賦基準量で除することで**予定配賦率**を計算します。予定配賦率により配賦計算を行うことで，製造間接費の実際発生額が確定する前でも，仕掛品勘定に製造間接費を配賦することが可能になります。また，製造間接費の実際発生額や，他の製品の作業時間の変化にかかわらず，年間を通じて同じ配賦率を使用することができるので，実際

配賦の欠点をすべて克服できます。

> **例題7－4**　例題7－2の㈱武庫川スペースの工場の年間の製造間接費予算が9,840,000円，年間の予定直接作業時間が1,250時間のときに，直接作業時間を配賦基準とした場合の予定配賦率を計算してください。11月中に製品SRを製造するために60時間，製品YKを製造するために40時間を必要とした場合の，製品SRと製品YKへの配賦額を計算してください。この工場で11月に実際に発生した製造間接費は800,000円ですが，その場合の予定配賦額と実際配賦額の差（製造間接費配賦差異）を計算してください。

●解答・解説

配賦率：9,840,000円÷1,250時間＝7,872円
製品SRへの配賦額：7,872円×60時間＝472,320円
製品YKへの配賦額：7,872円×40時間＝314,880円
製造間接費配賦差異：（472,320円＋314,880円）－800,000円＝△12,800円

製造間接費予定配賦額は，その金額まで製造間接費が発生してもよいことを意味しています。しかし，例題7－4では，事前に予定した製造間接費の予定配賦額よりも，実際には製造間接費が12,800円多く発生しています。このような差異は，企業にとっては望ましい差異ではないという意味で，**不利差異**と表現します。**図表7－4**は，例題7－4に基づいた勘定記入を示しています。実際配賦では，借方⇒貸方の順番で製造間接費勘定への記入を行いますが，予定配賦では，製造間接費勘定の貸方から仕掛品勘定への配賦を予定配賦率で最初に行い，次に製造間接費勘定の借方に実際発生額を記入しますので，勘定に記入する順番が貸方⇒借方に変化します。

図表7－4　予定配賦の場合の勘定記入（不利差異の場合）

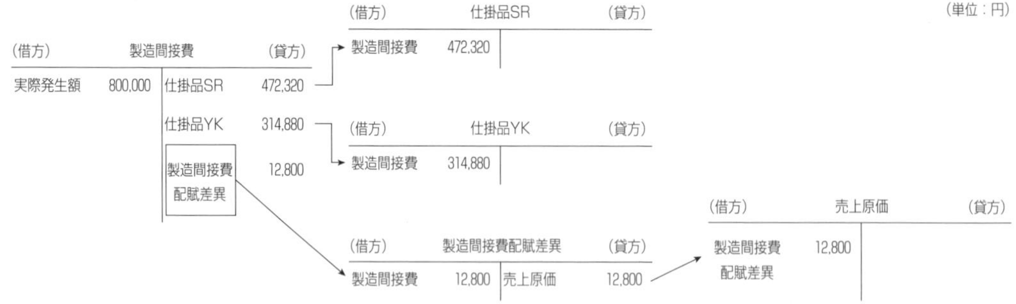

②　製造間接費配賦差異

図表7－4の製造間接費勘定では，借方の実際発生額が800,000円であるのに対して，貸方の予定配賦額の合計は787,200円であり，製造間接費勘定の貸方側に**製**

造間接費配賦差異が12,800円計上されます。原価計算基準47㈠によれば，製造間接費配賦差異は，原則としてその年度の売上原価勘定に振り替えます。この例題では，売上原価勘定の借方に振り替えますので，費用の増加を意味しています。

予定配賦額の金額よりも，実際に発生した金額が小さい場合を**有利差異**といいます。**図表７―５**では，実際の製造間接費は780,000円で，予定配賦額よりも7,200円少ないことから，会社にとっては望ましい差異であることがわかります。製造間接費の有利差異は，売上原価勘定の貸方，つまり費用のマイナスとして処理されますので，最終的には利益の増加として反映されることになります。

図表７―５　予定配賦の場合の勘定記入（有利差異の場合）

（単位：円）

（借方）　製造間接費　（貸方）

実際発生額	780,000	仕掛品SR	472,320
製造間接費配賦差異	7,200	仕掛品YK	314,880

（借方）　仕掛品SR　（貸方）

製造間接費	472,320		

（借方）　仕掛品YK　（貸方）

製造間接費	314,880		

（借方）　製造間接費配賦差異　（貸方）

売上原価	7,200	製造間接費	7,200

（借方）　売上原価　（貸方）

		製造間接費配賦差異	7,200

例題７－５　以下の条件で，製造間接費配賦差異を計上する仕訳を示してください。

①　実際発生額500千円，予定配賦額530千円。

②　実際発生額500千円，予定配賦額450千円。

●解答・解説（単位：千円）

①	（借）製造間接費	30	（貸）製造間接費配賦差異	30
②	（借）製造間接費配賦差異	50	（貸）製造間接費	50

One Point：借方差異と貸方差異について

有利差異と不利差異は，貸方差異と借方差異と表現をすることもあります。図表７―４の製造間接費勘定の借方と貸方を比較すると，借方の方が12,800円多いので，残高は借方に存在していることになります。このため，不利差異は借方差異とも表現され，同様に，有利差異は貸方差異と表現されます。図表７―４の製造間接費勘定の表記上は，製造間接費配賦差異は貸方に計上されていますが，これは（借）製造間接費配賦差異12,800（貸）製造間接費12,800という振替仕訳に基づいて勘定記入をしているためであり，残高の場所とは逆に記入される点には注意が必要です。

借方差異と貸方差異という表現は，差異が与える影響を直感的に伝えていませんので，本書では不利差異と有利差異という表記をしています。ただし，日商簿記検定試験の問題では，借方差異と貸方差異という聞き方をされますので，両方の表現を覚えておいた方がいいと思います。借方差異については，借方⇒費用⇒利益にはマイナスの影響⇒不利差異という流れで，不利差異との関係を整理できます。

5　製造間接費配賦差異の分析

①　固定予算による分析

製造間接費配賦差異については，操業度差異と予算差異に分けて分析します。一定額の製造間接費を予算の前提とする**固定予算**と，変動費と固定費に分けて設定する**変動予算**で，差異分析の計算方法は異なります。

例題 7－6　以下のデータに基づいて，製造間接費に関する総差異と，操業度差異，予算差異を計算してください。製造間接費予算は固定予算により管理しています。それぞれの差異が有利差異であるのか，不利差異であるのかも示してください。

実際直接作業時間	214時間	基準直接作業時間	225時間
製造間接費実際発生額	420,000円	製造間接費予算額	405,000円

●解答・解説

総差異：1,800円×214時間－420,000円＝△34,800円（不利差異）
操業度差異：1,800円×（214時間－225時間）＝△19,800円（不利差異）
予算差異：405,000円－420,000円＝△15,000円（不利差異）

予定配賦率は，製造間接費予算額÷基準直接作業時間で求め，1,800円／時間（405,000円÷225時間）になります。右のページの図では，操業度０時間の製造間接費０円と基準操業度225時間の製造間接費405,000円を結ぶ直線の角度が予定配賦率の1,800円になります。製造間接費の予定配賦額は，予定配賦率に実際操業度を乗じた金額であり，385,200円（1,800円×214時間）になり，この金額と実際発生額の差額が製造間接費総差異になります。例題７－６では，製造間接費総差異は，385,200円－420,000円＝△34,800円（不利差異）と計算されます。

製造間接費総差異は，操業度差異と予算差異に細分することができます。操業度差異は実際操業度と基準操業度の差に基づく差異であり，1,800円×（214時間－225時間）＝△19,800円（不利差異）と計算されます。予算差異は，製造間接費予算額と実際発生額の差を意味しており，例題７－６では405,000円－420,000円＝△15,000円（不利差異）と計算されます。

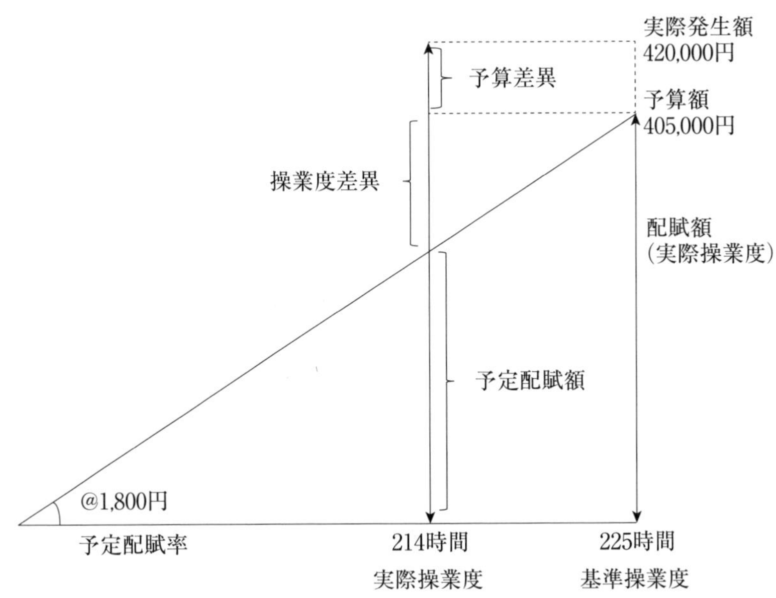

②　変動予算による分析

例題7－7　以下のデータに基づいて，製造間接費に関する総差異と，操業度差異，予算差異を計算してください。製造間接費予算は変動予算により管理しています。それぞれの差異が有利差異であるのか，不利差異であるのかも示してください。

予定配賦率	1,800円／時間	固定製造間接費予算額	225,000円
実際直接作業時間	214時間	基準直接作業時間	225時間
製造間接費実際発生額	420,000円		

解答・解説

総差異：1,800円×214時間－420,000円＝△34,800円（不利差異）
操業度差異：1,000円×（214時間－225時間）＝△11,000円（不利差異）
予算差異：（800円×214時間＋225,000円）－420,000円＝△23,800円（不利差異）

変動予算では，変動費部分と固定費部分に分けて基準操業度の予算を設定しますので，予定配賦率も変動費率と固定費率に分解します。固定製造間接費予算額は225,000円ですので，固定費率は1,000円／時間（225,000円÷225時間）になり，予定配賦率の1,800円／時間から固定費率1,000円を差し引いた800円が変動費率になります。変動予算では，y＝800x＋225,000を予算線と考え，実際操業度に応じて予算を計算します。

製造間接費の予定配賦額は，固定予算と同じく，予定配賦率に実際操業度を乗じた金額であり，385,200円（1,800円×214時間）です。したがって，製造間接費総差異の金額も固定予算と同じく，1,800円×214時間－420,000円＝△34,800円（不利差異）と計算されますが，その内訳の操業度差異と予算差異の金額は異なっています。

操業度差異は実際操業度と基準操業度の差に基づく差異ですが，変動予算では固定費部分からのみ生じると考え，1,000円×（214時間－225時間）＝△11,000円（不利差異）と計算します。また，予算差異は，y＝800x＋225,000で計算した金額と製造間接費の実際発生額との差として，（800円×214時間＋225,000円）－420,000円＝△23,800円（不利差異）と計算します。

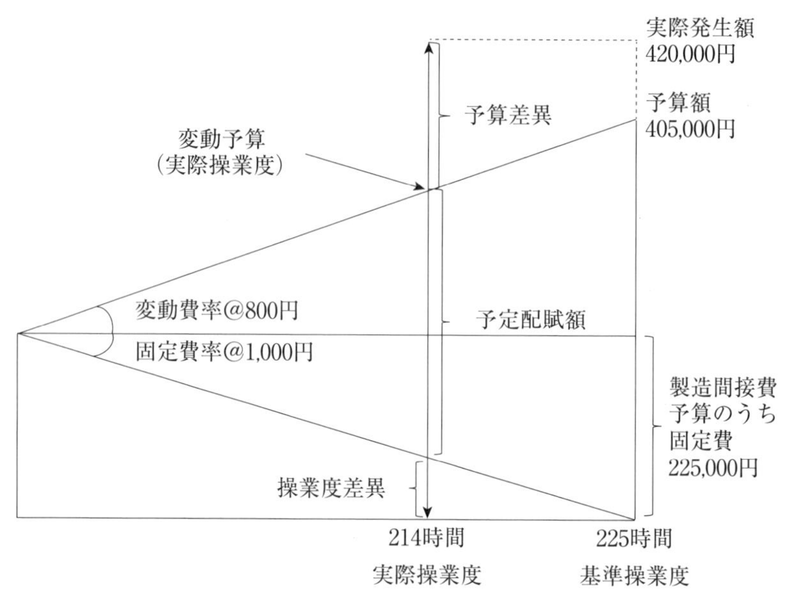

Focus 7 洋酒の25年物はなぜ高価なのか

サントリーホールディングスのHPによれば，「山崎」というウィスキーの700mlの希望小売価格（消費税別）は，年数がついていない製品が4,200円であるのに対して，12年物で8,500円，18年物で25,000円，25年物で125,000円と，年数が増えるにつれて桁違いの高価格になります。現在のHPには書かれていませんが，2009年に確認したところでは，35年物が50万円，50年ものだと100万円でした。このように，原酒を貯蔵する年数が長くなるほど，ウィスキーの価格が高くなりますが，これはなぜでしょうか。すぐに浮かんでくるのは，年代物ほど味が良くなるとか，希少性が高いという理由だと思います。確かにウィスキーを飲み比べてみると，年代物のウィスキーの方が味に深みが増しており，おいしく感じます。では，コストに関してはどうでしょうか。

ウィスキーは，原酒を作った後は，製品化するまで樽に入れて寝かせておくだけで，追加的な製造原価は発生していないようにみえます。しかし，工場で発生する製造間接費は，その年度に新しく製造される原酒だけではなく，過年度に作られて樽の中に保存されている原酒にも配賦されます。このように，樽の中に原酒を保存しているだけで，製造間接費の配賦額が毎年加算されるので，年代物のウィスキーほど製造原価が大きくなります。

さらに樽に保存している間に，ウィスキーが少しずつ蒸発する「天使の分け前」

という現象が，ウィスキーの製造原価を押し上げています。樽に配賦される製造間接費が増えるのに，その樽の中のウィスキーが少なくなるので，ウィスキーの原酒１リットル当たりが負担する製造原価は年々大きくなります。さらに，長期間原酒を保存することで拘束される資金のコスト（資本コスト）も，価格決定の際には考慮する必要があります。

（参考）サントリーホールディングスHP（商品情報）（2021.5.15アクセス）
園田智昭・横田絵理（2010）『原価・管理会計入門』中央経済社，p.45

第７章のKey Word
1．製造間接費，間接材料費，間接労務費，間接経費
2．配賦，配賦基準，配賦率
3．実際配賦，予定配賦
4．製造間接費配賦差異，売上原価
5．有利差異，貸方差異
6．不利差異，借方差異

Exercise

7―1　以下の文章の（　）内に適当な語句を入れてください。

製造間接費は，間接材料費，間接労務費，（　①　）を集約した勘定科目であり，配賦基準に基づいて（　②　）勘定に配賦します。労働集約的な工場では（　③　）時間が，オートメーション化が進んだ工場では（　④　）時間が適切な配賦基準になります。

製造間接費の（　⑤　）配賦では，製造間接費の発生額が変われば，作業効率が変化しなくても（　⑥　）が変わるという問題が存在します。（　⑦　）配賦を行うことでそのような欠点を解決できますが，製造間接費勘定の借方と貸方の金額の不一致によって製造間接費（　⑧　）が生じるので，計算は複雑になります。製造間接費（　⑧　）は，原則として発生年度の（　⑨　）に振り替えます。

①		②		③	
④		⑤		⑥	
⑦		⑧		⑨	

7―2　㈱プラムの東京工場では，11月に製造間接費が200万円発生しました。東京工場では，No.1からNo.3まで３つの製品を製造しています。以下のデータをもとに，①直接作業時間を配賦基準とする場合と，②機械作業時間を配賦基準とする場合について，配賦率と３つの製品への配賦額を計算してください。

	No.1	No.2	No.3	合計
直接作業時間	300時間	150時間	50時間	500時間
機械作業時間	100時間	120時間	180時間	400時間

	配賦基準	配賦率・製品 No.	計算式	配賦率・配賦額
①	直接作業時間	配賦率		円
		No.1		円
		No.2		円
		No.3		円
②	機械作業時間	配賦率		円
		No.1		円
		No.2		円
		No.3		円

7—3　㈱ユカールでは，直接作業時間を配賦基準として，製造間接費の予定配賦を実施しています。予定配賦率が1,500円のとき，実際作業時間は500時間で，製造間接費の実際発生額は720,000円でした。

① 仕掛品勘定に配賦される製造間接費の計算式と金額を書いてください。

② 配賦差異の計算式と金額を書き，有利差異か不利差異かも明示してください。

③ 予定配賦率1,500円の意味を現場の責任者から質問されたとして，どのように説明しますか。

①	計算式：	円
②		円 （　　　　差異）
③		

7—4　7—3のケースで，製造個数が200個，販売個数が180個のとき，売上原価を構成する製造間接費の金額を計算し，実際配賦をしたときと損益がどう変わるかを答えてください。期首仕掛品，期末仕掛品，期首製品はないものとします（本問には解答欄はありません）。

7—5　レポート用課題：バジェタリースラック(7)

目白：原価計算をするためには，製造間接費の配賦が必要らしいけど，公演の製造間接費って何かしら。

S先生：そうですね，バジェタリースラックの１つの演目の公演回数は20回ですよね。１演目全体を対象に計算するのか，１回ごとの公演を対象とするのかによって，製造間接費になる金額は違いますね。でも，１回の公演の原価を知っていると，何人お客さんが入ると採算が取れるのか計算できるので便利ですよ。

【問題】① １回ごとの公演の原価を計算する場合，どのような原価が製造間接費になるのかを考えてください。また，１演目全体を対象に計算した場合との違いを説明してください。

② 会計期間をまたいで20回の公演を行う場合（当期14回，次期６回とします），当期の14回の公演全体の収益性を計算する場合と，１回ごとの公演の収益性を計算する場合で，損益計算上の違いを説明してください。

③ １回ごとの公演の原価がわかっているものとして，何人お客さんが入ると採算が取れるのかを計算するために，目白さんはどのような分析をすればいいのでしょうか。

《解答と解説》

7－1

①	間接経費	②	仕掛品	③	直接作業
④	機械作業	⑤	実際	⑥	配賦率（配賦額）
⑦	予定	⑧	配賦差異	⑨	売上原価

7－2

	配賦基準	配賦率・製品 No.	計算式	配賦率・配賦額
①	直接作業時間	配賦率	2,000,000円÷500時間	4,000円
		No.1	4,000円×300時間	1,200,000円
		No.2	4,000円×150時間	600,000円
		No.3	4,000円×50時間	200,000円
②	機械作業時間	配賦率	2,000,000円÷400時間	5,000円
		No.1	5,000円×100時間	500,000円
		No.2	5,000円×120時間	600,000円
		No.3	5,000円×180時間	900,000円

この計算結果から，配賦基準を変えるだけで配賦額も大きく変わることが理解できたと思います。原価計算だけではなく，会計における計算の正確性は，ある方法の採用を前提とした場合という限定条件がつきます。選択する方法が変われば計算結果も異なりますので，唯一絶対という意味での正確性ではなく，計算の恣意性を排除するために継続性が求められます。なお，この理由に加えて，監査では全数のチェックではなく試査を前提としていることもあり，有価証券報告書に記載される監査報告書では，財務諸表に対する監査意見として「正確に表示」ではなく「適正に表示」という表現をします。

7—3

①	計算式：1,500円×500時間	750,000円
②	計算式：750,000円－720,000円	30,000円 （　　　　有利差異）
③	製造工程での作業１時間ごとに，その製品は１時間分の労務費に加えて，製造間接費を1,500円負担することになる。	

7—4

７—３では，製造間接費の実際発生額が予定配賦額よりも30,000円小さく，有利差異となり製造間接費配賦差異勘定の貸方に計上されます。製造間接費配賦差異を売上原価に振り替える仕訳は以下のようになり，勘定記入をすると，売上原価勘定の貸方に30,000円が記入されるので，売上原価を30,000円減額することになります。

（借）製造間接費配賦差異　30,000　　（貸）売上原価　　　　　30,000

製造個数が200個，販売個数が180個のとき，売上原価を構成する製造間接費の金額は，以下の計算から645,000円になります。

750,000円×180個÷200個－30,000円＝645,000円

一方，製造間接費を実際配賦した場合は，売上原価を構成する製造間接費の金額は，以下の計算から648,000円になります。

720,000円×180個÷200個＝648,000円

両者を比較すると，予定配賦をした方が，実際配賦をしたよりも，売上原価が3,000円小さいことから，当期の利益が3,000円大きくなることがわかります。

【解説】

この問題では，期首仕掛品，期末仕掛品，期首製品がないので，当期に発生した製造間接費だけを比較すればいいことになります。

まず，製造間接費配賦差異を考慮せずに，売上原価だけを比較すると，実際配賦をした方が27,000円小さいことがわかります。

実際配賦：720,000円×180個÷200個＝648,000円

予定配賦：750,000円×180個÷200個＝675,000円

７—３②の解答では，実際配賦の方が予定配賦よりも30,000円少ないのですが，期末在庫の20個に配賦された製造間接費は資産計上され，損益計算には影響を与えません。このため，予定配賦額より売上原価が小さくなる金額は，販売された180個分の27,000円（30,000円×180個÷200個）になります。

しかし，予定配賦した場合の製造間接費配賦差異（有利差異）30,000円は，全額が売上原価（費用）のマイナスとして計上されます。この結果，予定配賦した場合の売上原価は，上記の675,000円から30,000円を差し引いた645,000円になり，予定配賦の方が実際配賦よりも，売上原価が3,000円小さく，結果として当期の利益が3,000円大きくなります。この3,000円は製造間接費配賦差異のうち，実際配賦では在庫に配賦されて損益に影響を与えていない金額が，予定配賦では費用処理されていることに起因しています。

第8章 個別原価計算

1 個別原価計算とは

製品別原価計算は，製品の生産形態によって，個別原価計算と総合原価計算に大別されます。**個別原価計算**は，船舶，建物，ソフトウェア，特注の製造用機械などのように，個々の製品が特徴的で金額も大きく，顧客の注文に応じて製造する，いわゆる一品生産の受注品に適用されます。このことから，簿記の論点である工事契約に関する会計は，個別原価計算を前提としていることがわかります。それに対して**総合原価計算**は，自動車や家電製品など，標準的な大量生産品に対して適用される原価計算方法です。

製品を製造するときには，製造する製品の仕様や個数を生産部門に指示するために，**製造指図書**（さしずしょ）という書類を作成し，製造指図書ごとに原価計算を実施します。個別原価計算では，個々の受注品ごとに**特定製造指図書**と呼ばれる製造指図書を発行し，指図書につけられた番号ごとに仕掛品勘定を設定して，製造原価を個々に集計します。

例題 8－1 ㈱武庫川スペースでは，機械１台の製造を受注しました。個別原価計算を実施したところ，12月の製造原価は，直接材料費5,000千円，直接労務費400千円，直接経費100千円，製造間接費配賦額600千円でした。この機械は12月には完成していません。以上の条件で，この製造用機械の12月の仕掛品勘定を作成してください。

●解答・解説（単位：千円）

（借方）	仕	掛 品	（貸方）
直接材料費	5,000	月末仕掛品	6,100
直接労務費	400		
直接経費	100		
製造間接費	600		
	6,100		6,100

原価計算では，仕掛品勘定の借方に製造原価を集計します。例題８－１では，12月に発生した製造原価の合計は6,100千円になりますが，月末時点で完成していないために，貸方では全額を月末仕掛品として１月に繰り越します。

例題８－２ ㈱武庫川スペースが受注した機械は１月に完成しました。１月に新たに発生した製造原価は，直接材料費100千円，直接労務費300千円，直接経費200千円，製造間接費配賦額500千円でした。以上の条件で，この製造用機械の仕掛品勘定を作成してください。

●解答・解説（単位：千円）

（借方）	仕	掛　品	（貸方）
月初仕掛品	6,100	製　　品	7,200
直接材料費	100		
直接労務費	300		
直接経費	200		
製造間接費	500		
	7,200		7,200

例題８－２の解答は，例題８－１の解答と以下の２点で異なっています。第１に，12月の製造活動で発生した製造原価が，仕掛品勘定の借方に引き継がれて，月初仕掛品6,100千円が計上されています。第２に，受注した製造用機械は１月に完成していますので，製造の結果を示す仕掛品勘定の貸方では，借方の合計7,200千円の全額が，完成品原価として製品勘定に振り替えられます。

個別原価計算は一品ごとに注文を受けた製品に適用しますので，個々の製品ごとに製造原価を集計します。そのため，月末時点で製品が未完成の場合には，仕掛品勘定の借方に集計した製造原価は，全額が期末仕掛品の原価とされます。一方，月末時点で完成品になっている場合は，全額が完成品原価として製品勘定に振り替えられます。

このため，個別原価計算では，仕掛品勘定の借方に製造原価を集計することが基本的な問題となります。総合原価計算は，仕掛品勘定の貸方で完成品と未完成品に製造原価を配分することが大きな論点であり，この点が個別原価計算と異なります。なお，個別原価計算は一品生産の受注品に適用されますので，売上原価の計算は**個別法**により行われます。

2　個別原価計算における製造原価の集計手続

個別原価計算の主な論点は製造原価の集計ですので，今までの章で学習してきた費目別計算を理解していれば，概ね対応することができます。なお，製造間接費の配賦計算に関しては，第７章の一括配賦（総括配賦）の代わりに，部門別計算が用いられることがありますが，本書では第9章で学習します。

例題8－3　㈱武庫川スペースの舞台事業部は，顧客の劇団から注文を受けて舞台用の装置を製造しているために，個別原価計算を適用しています。現在製造中の舞台用装置は，11月から製造を開始しており，11月末までに30万円の製造原価が発生しています。この装置は12月に完成しましたが，12月に発生した原価データに基づいて，仕掛品勘定を作成してください。

1．直接材料費に関するデータ
　材料費の計算は，先入先出法によって行っています。
　12月の月初残高　@4,000円　20kg
　12月の購入量　12月5日　@3,800円　30kg
　12月の使用量　12月10日　40kg

2．直接労務費に関するデータ
　11月の未払額　10万円
　12月の支払額　80万円
　12月の未払額　7万円

3．12月に発生したその他の原価に関するデータ
　外注加工賃　12万円
　（外注加工賃は，この舞台装置の一部の製作を外部に委託した手間賃である。）
　その他直接経費　10万円

4．製造間接費に関するデータ（予定配賦を行っている）
　実際発生額　169万円（工場全体の実際作業時間：650時間）
　予定配賦率　@2,500円（配賦基準：直接作業時間）
　この舞台装置に対する直接作業時間　200時間

●解答・解説

1．直接材料費：4,000円×20kg＋3,800円×（40－20）kg＝156,000円
2．直接労務費：800,000円＋70,000円－100,000円＝770,000円

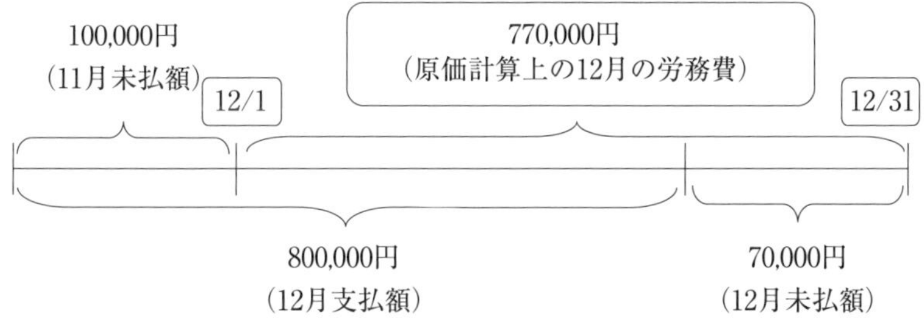

3．直接経費：120,000円＋100,000円＝220,000円
　外注加工賃は直接経費とします。

4．製造間接費予定配賦額：2,500円×200時間＝500,000円

（単位：円）

（借方）	仕　掛　品		（貸方）
月初仕掛品	300,000	製　　品	1,946,000
直接材料費	156,000		
直接労務費	770,000		
直接経費	220,000		
製造間接費	500,000		
	1,946,000		1,946,000

製造間接費の配賦差異は売上原価に振り替えます。この問題では12月に製造したすべての製品の配賦差異の合計額も△65,000円（不利差異）と計算できますが，この舞台装置の配賦差異の金額だけであれば，以下のように計算できます。

実際配賦率：1,690,000円÷650時間＝2,600円

この舞台への製造間接費の実際配賦額：2,600円×200時間＝520,000円

製造間接費配賦差異：500,000円－520,000円＝△20,000円（不利差異）

One Point：個別原価計算と商業簿記の関係

原価計算と工業簿記はワンセットで考えられていますが，ここでは視点を変えて，個別原価計算と商業簿記の関係について考えてみましょう。個別原価計算が適用されるのは，金額が大きい一品ごとの受注品ですが，代表的なものとして，建物の建築があげられます。建築業の工事に関する仕訳で使用する勘定科目が工業簿記の勘定科目と違うためか，個別原価計算が適用されていることは，意外と意識されていないのではないでしょうか。

ソフトウェアの制作についても個別原価計算が適用されますが，コピーを販売するためのマスター・ソフトウェアについては，商業簿記では償却額の計算が主要な問題とされ，その前提であるマスター・ソフトウェアの原価計算は所与とされるのが一般的です。なお，有形固定資産全般について，自家建設の場合には個別原価計算を適用します。また，個別原価計算が適用される販売用の資産については，売上原価の計算で個別法が適用されます。

3　個別原価計算における仕損費の処理

製品の製造プロセスで，製造上のミスが発生して不良品ができることを**仕損**（しそんじ）といい，不具合がある製品を**仕損品**（しそんじひん）といいます。個別原価計算の対象は製造用機械や船舶など，巨額の原価が発生する受注品ですので，可能な限り修理をして正常な製品に直す努力をしますが，修理が不可能であれば，代替品を別途製造し直すことになります。

仕損品に関する原価を**仕損費**といいます。完成品原価とは別に，製造上の失敗を意味する仕損費を集計して可視化することで，製造現場に注意を喚起する効果が期待できます。厳密には，補修または代替品の製造のために，新たに製造指図書を発

行するか否かも問題になるのですが，修理をすれば完成品として販売可能な場合には，修理のために使用した原価が仕損費になります。一方，修理のしようもないほど製造上の不具合が大きい場合には，今までに発生した製造原価を仕損費として処理します。ただし，代替品の製造が部分的ですむ場合には，代替品の製造に関する製造原価を仕損費として処理することになります（原価計算基準35）。

例題８－４　以下の説明をもとに，製品ごとに仕損費と製造原価の金額を計算してください。

製品 No.1：製造中の製品の一部に仕損が生じたので，補修のために製造指図書を発行しました。製品 No.1の製造指図書に集計された製造原価は30万円であり，新製造指図書に集計された製造原価は５万円です。

製品 No.2：完成間際に重大な欠陥が見つかり，補修をする余地がないことが判明したために，新しい製造指図書を発行して代替品を製造しました。旧製造指図書に集計された製造原価は70万円であり，新製造指図書に集計された製造原価は80万円です。

解答・解説

製品 No.1については，補修が必要な部分を修理すれば完成品として販売できますので，新製造指図書に集計された５万円が仕損費になり，集計した仕損費が正常な範囲内であれば，受注品の製造原価に賦課（加算）します。したがって，製品 No.1の製造原価は，旧製造指図書の30万円と新製造指図書の５万円を加えた35万円になります。

一方，通常生じうる範囲を超えた異常な仕損費に関しては，製造原価ではなく特別損失とします。製品 No.2については，修理をせずに代替製品を製造するので，旧製造指図書に集計された70万円は，仕損費として特別損失に計上し，新製造指図書に集計した80万円を製造原価とします。ただし，製品 No.2の製造をプロジェクトとして収益管理の対象とする場合には，売上高から製造原価だけではなく，異常仕損費も差し引いた金額で損益管理を行うべきです。仮に製品 No.2の販売額を120万円とすると，120万円－80万円＝40万円が財務会計上の売上総利益ですが，そこから特別損失の70万円も差し引いて，△30万円をプロジェクト損益として認識すべきです。

4　ロット別個別原価計算

高価な工作機械を同じ仕様で２台受注した場合など，一品生産の受注品だけではなく，複数の同じ製品を製造する場合でも個別原価計算は適用されます。その場合の個別原価計算を**ロット別個別原価計算**といい，工作機械２台分の製造原価を同じ仕掛品勘定で集計し，完成後にその金額を２分して，工作機械１台当たりの製造原価を計算します。このように，ロット別個別原価計算では，まず受注した数すべての製造原価を仕掛品勘定の借方に集計し，製造がすべて終了した後に，借方に集計した製造原価を製造した数で按分して，１単位当たりの製造原価を計算します。

例題 8－5 ㈱武庫川スペースの機械事業部では，特別の仕様である同じ機械３台の注文を受け，特定製造指図書を発行しました。この機械３台を製造するのに，直接材料費が450万円，直接労務費が180万円，製造間接費が270万円発生しました。上記の資料をもとにして，機械１台当たりの製造原価を計算してください。

解答

機械３台の製造原価：450万円＋180万円＋270万円＝900万円
機械１台当たりの製造原価：900万円÷３台＝300万円

多くの問題では，製造個数が少ない場合にロット別個別原価計算を適用していますが，同時に製造する個数が何個まででであればロット別個別原価計算を適用できるのかについて，明確な決まりがあるわけではありません。製造個数の多さではなく，特定製造指図書を発行して総製造個数が事前に確定しているかどうかが，ロット別個別原価計算を適用できるか否かの判断基準ですので，１ロットの製造個数が１万個でも構わないことになります。

一方で，継続的な製造を前提とした大量生産品には**継続製造指図書**が発行され，総合原価計算が適用されます。継続製造指図書では製造個数は指定せずに，販売が続く限り製造を行います。この場合，月末には未完成品（仕掛品）が存在し，完成品の原価と未完成品の原価に，投入した原価を配分する計算を行います。それに対して，ロット別個別原価計算では，全製品が完成したときに製品１個当たりの完成品原価を計算しますので，完成品と期末仕掛品への原価の配分は，通常は想定していません。このように，ロット別個別原価計算と総合原価計算は，計算手法として大きな違いがあります。

One Point：個別原価計算と総合原価計算

自動車工場では，同じ車種を継続的に生産しているわけではなく，ディーラーなどからの注文に応じて，その月の車種別の生産台数を決めています。この場合，理論的にはロット別個別原価計算が適用されることになりますが，現実的には多くの自動車メーカーが総合原価計算を適用しているようです。ロット別個別原価計算と総合原価計算は，テキスト上の説明では全く別の原価計算手法として説明されますが，実務では両者の線引きは大変難しく，両者の中間的なグレーゾーンが存在しています。ある程度の製造量がある場合，製造する製品の種類や数量等を勘案しつつ，企業がロット別個別原価計算と総合原価計算を任意に選択しているのが現実ではないかと思います。なお，ロットのことをバッチということもあります。

Focus 8　ソフトウェアの原価計算

コンピュータの発展に伴い，1980年代後半に，ソフトウェアを資産として貸借対照表に計上すべきか，費用として損益計算書に計上すべきかが問題となり，資産とした場合にも，棚卸資産なのか，無形固定資産なのか，繰延資産なのかで論争がありました。アメリカでは財務会計基準審議会（FASB：Financial Accounting Standards Board）により，1985年に基準書第86号（Accounting for the Costs of Computer Software to Be Sold, Leased, or Otherwise Marketed）が公表されました。

日本では10年以上後の1998年に『研究開発費等に係る会計基準』が公表され，制作目的ごとにソフトウェアの処理方法が定められ，ソフトウェアの資産性が一定の範囲内で認められました。たとえば，ゲーム・ソフトは，最初に原盤となるマスター・ソフトウェアを制作し，それをコピーして販売します。このようなマスター・ソフトウェアは，無形固定資産として貸借対照表に計上しますが，そのためには，個別原価計算によりソフトウェアの制作原価を集計する必要があります。マスター・ソフトウェアの製造プロセスでは，材料費はほとんど発生しませんので，大部分は労務費と経費になります。マスター・ソフトウェアの原価は，減価償却を行い期間配分します。

なお，顧客から注文を受けて情報処理会社がソフトウェアを制作する場合は，請負工事と同様に，個別原価計算を行います。簿記で学習する工事契約に関する会計は，実は個別原価計算を前提としています。しかし，Exercise 8—4で考えて頂くように，工業簿記とは部分的に異なる説明や処理がされています。

第8章のKey Word

1．個別原価計算，特定製造指図書
2．建物，船舶，工作用機械，ソフトウェア
3．仕掛品勘定，月末仕掛品，製品
4．仕損，仕損品，仕損費
5．ロット別個別原価計算，総合原価計算
6．工事契約に関する会計

Exercise

8—1　以下の文章の（　）内に適当な語句を入れてください。

建物や船舶のような一品生産の受注品については，（　①　）原価計算によって製造原価を計算します。同じ製品を複数個受注して製造する場合でも，（　②　）指図書を発行する場合には（　③　）原価計算を適用します。しかし，このような場合にも（　④　）原価計算を適用して，月末に完成品と（　⑤　）に製造原価を配分する企業もありえます。

製造の途中で失敗することを（　⑥　）といい，不良個所がある製造物を（　⑦　）といいます。修理をすれば完成品として販売可能な場合には，修理のために使用した原価が（　⑧　）になります。

①		②		③	
④		⑤		⑥	
⑦		⑧			

8―2　以下の表のカッコ内に適当な金額を入れて，10月の製造原価明細書を作成してください。金額を入れる必要がない場合は，カッコ内に―を記入してください。製品No.3については，ロット別個別原価計算を適用しており，未完成品の加工進捗度は70％です。

	製品No.1	製品No.2	製品No.3
期首仕掛品	120,000	250,000	―
直接費	300,000	200,000	400,000
製造間接費	200,000	150,000	540,000
完成品原価	（　　　）	（　　　）	（　　　）
期末仕掛品原価	（　　　）	（　　　）	（　　　）
進捗状況	9月に製造開始し，10月中に完成した。	9月に製造開始し，11月に完成した。	10月に製造開始。10月末までに2個完成し，1個は未完成。

8―3　㈱プラムでは顧客から巨大ロボットの注文を受け，昨年度から製造を開始して当年度の年度末に完成しました。以下のデータに基づいて，製造原価明細書を作成してください。また，賃率差異は生じていないものとして，今年度の直接労務費の支払額も計算してください。

1．期首仕掛品

直接材料費が5億円，直接労務費が2,000万円，設計費が7,000万円発生しました。直接作業時間は4,000時間であり，昨年度の直接労務費の未払額は300万円です。今年度も同じ賃率と製造間接費配賦率で計算をします。

2．直接材料費については，以下の資料をもとに移動平均法で計算します。

1月1日	月初残高	@800万円	100個
1月15日	購入	@940万円	40個
1月20日	使用		120個
1月25日	購入	@820万円	60個
1月30日	使用		30個

3．今年度の直接労務費未払額：1,100万円

4．今年度の外注加工費：2億円

5．製造間接費については直接作業時間を配賦基準として予定配賦を実施しています。

年間の予定配賦率：@0.8万円

今年度の直接作業時間：15,600時間

（単位：万円）

直接材料費	
直接労務費	
直接経費	
製造間接費	
当期総製造費用	
期首仕掛品原価	
当期製品製造原価	
直接労務費支払額	

8—4　①工事に関する財務会計上の処理で，工事の進捗度に基づいて収益を計上した場合に，原価計算での説明との違いを答え，②管理会計上はどのように処理すべきかを，財管一致という考え方と関連させて説明してください。

8—5　レポート用課題：バジェタリースラック(8)

目白：演劇については，どうやって原価を計算したらいいのかしら。

S先生：そうですね。１回の公演ごとに原価を集計してもいいですけど，同じ公演を20回するのなら，それをロットと考えて，ロット別個別原価計算をしてみたらどうですか。

目白：それならずいぶん楽だけど，何か気をつけることはあるかしら。

S先生：個々の公演で追加的に発生する原価がある場合は，別に加算した方がいいと思いますよ。それから，同じ演目を劇場を変えて公演するときは，違うロットと考えた方がいいですね。

【問題】①　ロット別個別原価計算が，演劇の原価計算に適している理由を説明してください。

②　個々の公演で追加的に発生する原価とは，どのような原価でしょうか。

③　別の劇場で同じ演目を公演するときに，ロットを変えた方がいい理由を説明してください。

《解答と解説》

8—1

①	個別	②	特定製造	③	ロット別個別
④	総合	⑤	（月末）仕掛品	⑥	仕損
⑦	仕損品	⑧	仕損費		

8—2

	製品 No.1	製品 No.2	製品 No.3
期首仕掛品	120,000	250,000	—
直接費	300,000	200,000	400,000
製造間接費	200,000	150,000	540,000
完成品原価	（ 620,000 ）	（ — ）	（ — ）
期末仕掛品原価	（ — ）	（ 600,000 ）	（ 940,000 ）
進捗状況	9月に製造開始し，10月中に完成した。	9月に製造開始し，11月に完成した。	10月に製造開始。10月末までに2個完成し，1個は未完成。

製品 No.3についてはロット別個別原価計算を適用していますので，すべての製品が完成するまでは，完成した2個の製品も含めて仕掛品原価に計上します。

8—3

（単位：万円）

直接材料費	125,550
直接労務費	7,800
直接経費	20,000
製造間接費	12,480
当期総製造費用	165,830
期首仕掛品原価	62,200
当期製品製造原価	228,030
直接労務費支払額	7,000

1．直接材料費の計算

1月15日単価：（800万円×100個＋940万円×40個）÷（100個＋40個）＝840万円

1月20日使用分：840万円×120個＝100,800万円

残高は100個＋40個－120個＝20個

1月25日単価：（840万円×20個＋820万円×60個）÷（20個＋60個）＝825万円

1月30日使用分：825万円×30個＝24,750万円

1月材料費：100,800万円＋24,750万円＝125,550万円

2．直接労務費の計算

昨年度と今年度は同じ賃率を使用するので，期首仕掛品データより，賃率は0.5万円（2,000万円÷4,000時間）と計算できます。今年度の直接作業時間は15,600時間ですので，直接労務費は7,800

万円です。

賃率差異は生じていませんので，予定賃率で計算した金額が直接労務費の実際支払額と一致しており，300万円＋7,800万円－1,100万円＝7,000万円と計算できます。

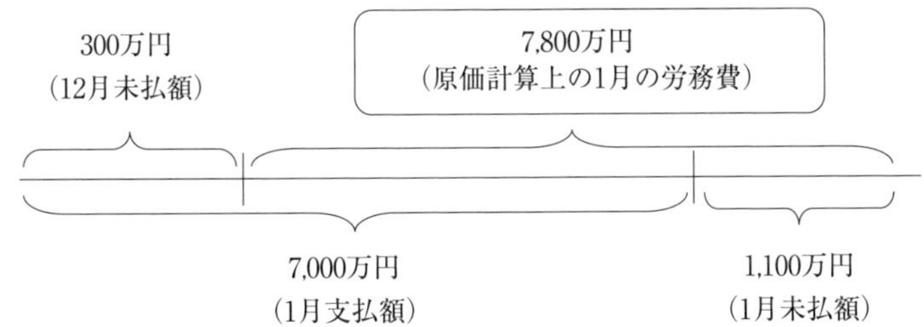

3．直接経費の計算

2億円＝20,000万円

4．製造間接費の計算

0.8万円×15,600時間＝12,480万円

5．期首仕掛品原価

50,000万円（5億円）＋2,000万円＋7,000万円＋0.8万円×4,000時間＝62,200万円

条件の1で，昨年度に発生した製造間接費について，今年度と同じ配賦率で計算することが示されています。条件の5で年間の予定配賦率を@0.8万円としていますので，昨年度の直接作業時間4,000時間を乗じて製造間接費を計算します。

8—4

① 財務会計上，工事の進捗度に基づいて収益を計上する場合は，工事原価の発生割合等によって工事収益を決定します。そのときに，工事が未完成であっても，

（借）完成工事原価　××　（貸）未成工事支出金　××

という仕訳をします。このことから，原価計算での説明とは，以下の3点で異なることがわかります。

第1に，未成工事支出金が仕掛品の意味で使われています。

第2に，製品勘定を通さずに，仕掛品を意味する未成工事支出金から売上原価勘定（完成工事原価）に直接振替処理が行われます。第1と第2の違いは仕訳上の違いであり，実質的にはそれほど重要性を持ちません。

第3の違いは，工事が未完成でも年度末に売上原価に振り替えるために，仕掛品（未成工事支出金）勘定には完成品の総原価が集計されないことで，この点は原価計算の説明と大きく異なります。ロット別個別原価計算を採用している場合に，完成した製品の原価を分離して売上原価に計上するのと近い処理を行っていると解釈できます。なお，短期的な工事で履行義務を充足した時点で収益を認識する場合は，原価計算上の説明と財務会計上の処理が一致します。

② いわゆる財管一致を細部まで突き詰めると，①で説明したように，個別原価計算の説明を一部修正する必要が出てきますが，工事というプロジェクトの収益性を管理するためには，原価計算の説明のように，管理会計上は工事が完成するまで仕掛品勘定（未成工事支出金）に工事原価を集計すべきです。「異なる目的には異なる原価を」という管理会計の考え方から，両者に差がある場合，その差を説明できればいいというのが財管一致についての私の考え方ですが，皆さんにも各自で考えて頂きたいテーマです。

第9章 製造間接費の部門別計算

1 製造間接費の部門別計算の概略

① 工場を構成する組織（部門）について

ある程度の規模の組織であれば，仕事の内容により組織を細分化しますが，工場もさまざまな内部組織によって構成されています。原価計算では，工場の内部組織を**部門**という用語で表現し，**図表9―1**に示すように，製造部門と補助部門に大別しています。**製造部門**は，製品を製造している部門であり，作業内容によって，金型部門，加工部門，組立部門などに細分されます。第10章以降で学習する総合原価計算では，製造部門のことを**工程**と表現していますが，両者は同じ組織を意味しています。製造部門で発生する原価は大部分が直接費ですが，材料の移動や修繕などに製造部門の従業員が手を貸した場合などは，製造間接費として処理します。

補助部門は，補助経営部門と工場管理部門に細分することができます。**補助経営部門**は，製造活動自体を行っているわけではありませんが，倉庫部門，品質管理部門，生産管理部門など，製造部門の上流や下流に位置して，製造活動に関連した活動を行っています。**工場管理部門**は，工場内の経理部門や総務部門など，製造活動とは関係ない，工場内の管理や事務を行うスタッフ部門です。補助部門も工場内の組織ですので，補助部門で発生した原価も製造原価を構成しますが，製品を製造していませんので，全額が製造間接費になります。

図表9―1 工場内の組織

<table>
<tr><td colspan="2">【製造部門】</td></tr>
<tr><td colspan="2">【補助部門】</td></tr>
<tr><td>補助経営部門</td><td>工場管理部門</td></tr>
</table>

② 部門別計算のプロセス

第7章では，製造間接費を1つの固まりとして，仕掛品勘定に配賦する**一括配賦法（総括配賦法）**について説明しました。一括配賦法に対しては，製造間接費を構成する多種多様な費目をすべて同じ性質とみなし，単一の配賦基準によって配賦することに批判があります。その解決策として，発生する部門ごとに製造間接費を集計し直して部門費を計算し，部門費ごとに仕掛品勘定に配賦する，**部門別計算**について本章で学習します。

製造間接費の部門別計算は，**図表9―2**に示すように3段階の配賦手続を経て行われます。第1段階では，特定の製造部門または補助部門で発生したことが明らかな製造間接費を，部門個別費として部門ごとに集計します。また，工場社屋の減価償却費など，部門間で共通して発生する製造間接費を，部門共通費として各部門に配分します。第2段階では，補助部門に集計した部門費（補助部門費）を製造部門に配賦します。この段階で，すべての製造間接費は製造部門に集計されることになります。第3段階では，製造部門に集計された製造間接費を，製造原価を集計する製品ごとに設定した仕掛品勘定に配賦します。部門別計算のプロセスを仕訳によって把握する場合には，部門ごとに部門費勘定を設定して，部門間の振替仕訳を行います。

図表9―2 部門別計算のプロセス

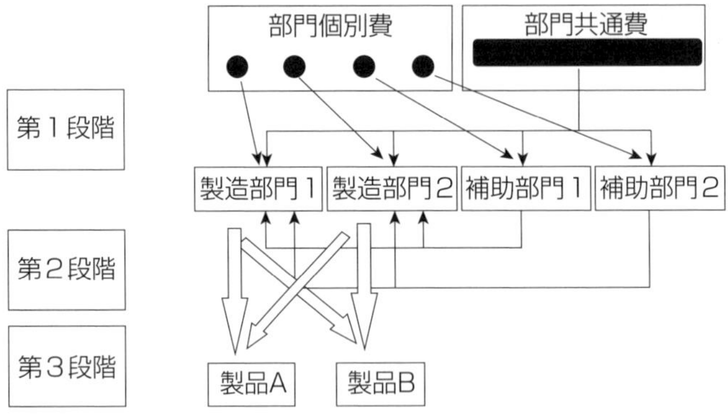

One Point：部門別計算の対象範囲について

部門別計算では，原価管理の観点からも，製造間接費だけではなく，直接費も含めて実施したほうが望ましいといわれています。しかし，直接費は製品に対しても部門に対しても1対1で跡づけることが可能であり，個々の企業で実際に記録・集計する作業の煩雑さなどは別にして，少なくとも計算上の論点はありません。本章では，そのため，製造間接費の配賦計算に限定して，部門別計算について解説しています。

なお，製品に関する直接費が発生するのは，基本的には製造部門ですが，品質管理部門で発生する原価のうち，特定の製品の品質管理費が把握できる場合など，一部の例外的なケースでは補助経営部門でも直接費が発生します。工場管理部門でも例外的に直接費を認識できるかもしれませんが，金額が小さく測定コストがかさむことから，補助部門では直接費は発生しないとみなして，すべての費用を製造間接費と考えて問題ありません。

2　部門別計算の目的

①　配賦計算の正確性

一括配賦法では，さまざまな費目の集合体である製造間接費を，単一の配賦基準で仕掛品勘定に配賦します。そのため，工場で行われている作業と製造間接費の関係は配賦計算に反映されず，費目によっては配賦基準が不適当な場合が出てきます。

それに対して，製造間接費を部門別に再集計することで，製造間接費の配賦の手順を部門ごとに行われている作業の特性と一致させることができ，それだけ配賦計算が正確になります。製造間接費の配賦について，部門別計算をする場合としない場合の比較については，例題９－６を参照してください。

②　製造間接費の発生源での管理（原価管理目的）

製造間接費の配賦先の製品（仕掛品勘定）では，製造間接費の発生額自体は管理できません。例題７－３で説明したように，ある製品の製造現場で作業時間を短くして配賦額を減らしても，その分ほかの製品への配賦額が増えるだけで，製造間接費の総額は変わりません。製造間接費を削減するためには，部門ごとに製造間接費を集計して，発生源である部門で管理する必要があります。部門に集計した製造間接費を部門費の予算と比較することで，部門の責任者は，発生した製造間接費が適切なレベルであったかどうかを知ることができ，部門費を削減するように動機づけられます。

製造間接費の部門別計算は３段階ありますが，第２段階は補助部門費の製造部門への配賦であり，第３段階は製造部門費の製品への配賦ですので，製造間接費を発生源で管理するという原価管理については，第１段階の部門への原価の集計で目的を達成できます。また，第１段階であっても，部門共通費は部門に配分しますので，部門での管理ではなく，工場長レベルでの管理ということになります。

3　部門別計算の第１段階

部門別計算では，製造間接費を部門個別費と部門共通費に分類します。**部門個別費**は，その部門で働く従業員の給料など，工場内の特定の部門で発生したことが明らかな原価ですので，部門に対する直接費として部門ごとに集計します。このことを**直課**といいます。一方，工場建物の減価償却費など，複数の部門に共通的に発生する**部門共通費**は，建物の減価償却費には各部門が占有する床面積，電力料には部門ごとの電力使用量など，個々の費目に適切な基準を選択して各部門に配分します。

個々の部門に直課した部門個別費と，各部門に配分した部門共通費の合計額が，部門に集計された**部門費**になります。第7章では，一括して製造間接費勘定に集計しましたが，部門別計算では，部門ごとに設定した部門費勘定（A製造部門費やX補助部門費など）に製造間接費を集計します。

例題9－1 以下の資料をもとにして，部品部門，組立部門，修繕部門，管理部門に製造間接費を集計して，部門費を計算してください。事務員等給料と機械減価償却費は部門個別費であり，建物減価償却費と電力料は部門共通費とします。

費目	金額	配分の基準	部品部門	組立部門	修繕部門	管理部門
事務員等給料	51,300千円	部門個別費	—	—	1,800千円	49,500千円
機械減価償却費	15,500千円	部門個別費	12,500千円	3,000千円	—	—
建物減価償却費	138,600千円	床面積	375m^2	525m^2	120m^2	135m^2
電力料	57,000千円	電力使用量	300kw	400kw	40kw	20kw

解答・解説

事務員等給料と機械減価償却費は部門個別費なので，それぞれの部門で発生した金額が明らかであり，配分の問題は生じません。ここでは，部門共通費である建物減価償却費と電力料について，部品部門への配分の計算式を示すこととします。

・建物減価償却費の配分（床面積に基づき配分する）

1m^{2}当たり配分額：138,600千円÷（375m^2＋525m^2＋120m^2＋135m^2）＝120千円/m^2

部品部門への配分額：120千円×375m^2＝45,000千円

・電力料の配分（電力使用量に基づき配分）

1kw当たり配分額：57,000千円÷（300kw＋400kw＋40kw＋20kw）＝75千円/kw

部品部門への配分額：75千円×300kw＝22,500千円

（単位：千円）

費目	金額	配分の基準	部品部門	組立部門	修繕部門	管理部門
事務員等給料	51,300	部門個別費	—	—	1,800	49,500
機械減価償却費	15,500	部門個別費	12,500	3,000	—	—
建物減価償却費	138,600	床面積	45,000	63,000	14,400	16,200
電力料	57,000	電力使用量	22,500	30,000	3,000	1,500
合計	262,400		80,000	96,000	19,200	67,200

4 部門別計算の第2段階

部門別計算の第1段階では，部門に直課した部門個別費と，部門に配分した部門共通費を集計して，各部門で発生した製造間接費（部門費）を計算しました。工場

の部門は，製造部門と補助部門に大別されますが，補助部門では製品を製造していませんので，製造活動との関連性は薄くなります。そのため，最終的な第３段階の計算では，実際に製品を製造している製造部門より，個々の製品（仕掛品勘定）に製造間接費を配賦します。部門別計算の第２段階では，そのための前段階として，修繕部門費については修繕時間，管理部門費については各部門の従業員数など，それぞれの部門のサービス提供量と関連性が高い配賦基準を選択して，補助部門に集計した部門費を製造部門に配賦する計算を行います。

ところで，工場の管理部門では，ほかの部門で発生する経費の会計的な処理や，工場で働く従業員の勤怠管理などを行っています。また，倉庫部門が所有する自動倉庫の修繕を修繕部門が行うこともあります。図表９―２では，部門別計算の第２段階の流れを簡略化して補助部門 ⇒ 製造部門としていますが，実際には補助部門同士もサービスの提供を相互に行っており，それを配賦計算に反映させるかどうか，反映させるならどのように反映させるのかが，第２段階の計算の課題となります。補助部門の配賦計算には，補助部門間のサービスのやりとりを反映させない直接配賦法と，反映させる相互配賦法および階梯式配賦法の３種類の方法があります。また相互配賦法は，純粋な相互配賦法と簡便法，さらに連立方程式で計算する方法の３種類に細分されます。

5　直接配賦法

直接配賦法では，補助部門間のサービスのやり取りを無視して，補助部門は製造部門だけにサービスを提供していると仮定して配賦計算を行います。

例題９－２　補助部門費（修繕部門費19,200千円，管理部門費67,200千円）を，直接配賦法によって製造部門に配賦してください。補助部門費配賦前の部品部門費は80,000千円，組立部門費は96,000千円です（例題９―１で計算した部門費の金額に基づいて，本問は作成しています）。

配賦基準	部品部門	組立部門	修繕部門	管理部門
修繕時間	30時間	18時間	12時間	２時間
従業員数	20人	10人	５人	10人

●解答・解説

以下では，部品部門への配賦額の計算だけを示します。

・修繕部門費の配賦

配賦率：19,200千円÷（30時間＋18時間）＝400千円／時間

部品部門への配賦額：400千円×30時間＝12,000千円

・管理部門費の配賦

配賦率：67,200千円÷（20人＋10人）＝2,240千円／人
部品部門への配賦額：2,240千円×20人＝44,800千円

（単位：千円）

	配賦基準	部品部門	組立部門	修繕部門	管理部門
部 門 費		80,000	96,000	19,200	67,200
修繕部門費	修繕時間	12,000	7,200	—	—
管理部門費	従業員数	44,800	22,400	—	—
合　計		136,800	125,600	—	—

直接配賦法では，製造部門への配賦基準の数値だけに注目すればよく，簡単な計算ですむという長所があります。一方，補助部門間のサービスのやり取りを全く無視しており，この部分がある程度の大きさを持つ場合には，配賦計算の歪みが無視できない金額になるという課題があります。

One Point：部門別計算の用語について

部門別計算では，製造間接費を費目から部門へ，補助部門から製造部門へ，製造部門から製品へと，３段階にわたり配賦計算を実施します。このテキストでは，第１段階の部門共通費の計算を配分とし，第２段階と第３段階の計算を配賦と表現していますが，すべてを配賦と表現しても問題はありません。なお，手元にある英語のテキストでは，第１段階の部門個別費の直課をAllocation，部門共通費の配分と第２段階をApportionment，第３段階をAbsorptionと表現して，表現を使い分けています（Hussey, 1989, pp.51-75）。事業部損益計算書でも，本社部門費については配分と表現されることが多いようですが，配賦といわれることもあります。

6　相互配賦法

①　完全な相互配賦法について

相互配賦法は，補助部門間のサービスのやり取りを，配賦計算に反映させる方法です。しかし，１回配賦計算を行うと，別の補助部門から配賦された金額が，新たに補助部門費として計上されることになります。例題９－２のケースでは，管理部門から修繕部門に9,600千円（67,200千円÷35人×５人）が配賦されますので，１回だけの配賦計算では，補助部門費は全額製造部門には配賦されません。なお，相互配賦法でも，自分の部門へのサービスの提供は，計算には反映させません。

相互配賦法を完全に行うためには，補助部門に配賦される金額がゼロになるまで，配賦計算を何回も繰り返す必要があります。計算の手間がかかりそうに思いますが，例題９－２のケースでは，５回配賦計算を繰り返すと補助部門費はすべて０になり，

第１段階で集計した金額も含め，部品部門に136,441円，組立部門に125,959円の製造間接費が集計されます。

②　相互配賦法（簡便法）について

相互配賦法（簡便法）では，補助部門間のサービスのやり取りを１回だけ配賦計算に反映させます。具体的には，補助部門費の製造部門への配賦を２段階に分け，第１次の配賦計算では，自部門へのサービスの提供を除き，補助部門間のサービスのやり取りを配賦計算に反映させます。第１次の配賦計算が終了すると，補助部門には自部門以外の補助部門費が配賦されることになりますので，第２次の配賦計算では，その金額を直接配賦法によって製造部門に配賦します。

例題９－３　補助部門費（修繕部門費19,200千円，管理部門費67,200千円）を，相互配賦法（簡便法）によって製造部門に配賦してください。補助部門費配賦前の部品部門費は80,000千円，組立部門費は96,000千円です。

配賦基準	部品部門	組立部門	修繕部門	管理部門
修繕時間	30時間	18時間	12時間	２時間
従業員数	20人	10人	５人	10人

●解答・解説

第１次の配賦計算については，修繕部門から管理部門への配賦計算について説明をします。修繕部門は，自部門のために12時間修繕を実施していますが，この作業だけをなかったものとして，修繕部門費19,200千円を30時間：18時間：２時間の割合で，そのほかの部門に配分します。

　配賦率：19,200千円÷（30時間＋18時間＋２時間）＝384千円／時間

　修繕部門から管理部門への配賦額：384千円×２時間＝768千円

第２次の配賦計算では，直接配賦法と同様に，この金額を製造部門だけに配賦します。

　配賦率：768千円÷（20人＋10人）＝25.6千円／人

　管理部門から部品部門への配賦額：25.6千円×20人＝512千円

（単位：千円）

	配賦基準	部品部門	組立部門	修繕部門	管理部門
部門費		80,000	96,000	19,200	67,200
第一次配賦					
修繕部門費	修繕時間	11,520	6,912	—	768
管理部門費	従業員数	38,400	19,200	9,600	—
小　計		49,920	26,112	9,600	768
第二次配賦					
修繕部門費	修繕時間	6,000	3,600	—	—
管理部門費	従業員数	512	256	—	—
合　計		136,432	125,968	—	—

③ 連立方程式法について

相互配賦法については，連立方程式で計算する方法もあります。この方法は，連立方程式を解くことで，補助部門間のサービスのやり取りを完全に反映させることができるので，配賦計算の正確性という観点からは望ましい方法です。その一方，途中経過を可視化することができないことや，補助部門が多くなると連立方程式を解くのに手間がかかるという欠点もあります。しかし，原価管理目的については第1次の配賦計算で達成できますので，計算プロセスの可視化については，それほど気にする問題ではないと思います。

例題 9－4 補助部門費（修繕部門費19,200千円，管理部門費67,200千円）を，連立方程式法によって製造部門に配賦してください。補助部門費配賦前の部品部門費は80,000千円，組立部門費は96,000千円です。

配賦基準	部品部門	組立部門	修繕部門	管理部門
修繕時間	30時間	18時間	12時間	2時間
従業員数	20人	10人	5人	10人

解答・解説

連立方程式法による相互配賦法の計算では，補助部門から配賦基準に基づいて1回配賦すると，純粋に相互配賦法を適用したときの配賦額が計算できる金額を補助部門ごとに求める，以下の方程式を解きます。以下の式のaは修繕部門の，bは管理部門の配賦すべき金額です。方程式の配分計算では，自部門への配分割合は考慮しないことに注意してください。

$$a = 19{,}200\text{千円} + \frac{5\text{人}}{20\text{人} + 10\text{人} + 5\text{人}} b$$

$$b = 67{,}200\text{千円} + \frac{2\text{時間}}{30\text{時間} + 18\text{時間} + 2\text{時間}} a$$

この方程式を解くと，a＝28,966千円，b＝68,359千円になりますので，それに基づいて1回配賦計算を行うと，結果として補助部門費が0円になるまで相互配賦法を繰り返し行ったときと同じ金額を計算することができます。

（単位：千円）

	配賦基準	部品部門	組立部門	修繕部門	管理部門
部門費		80,000	96,000	28,966	68,359
修繕部門費	修繕時間	17,380	10,428	—	(1,159)
管理部門費	従業員数	39,062	19,531	(9,766)	—
合計		(＊) 136,441	125,959	—	—

（＊）部門費の合計額を一致させるために，部品部門の合計を1千円少なくしています（金額の大きい部門で調整しました）。

上記の配賦表では，修繕部門と管理部門の部門費は，本来の19,200千円と67,200千円ではなく，連立方程式で計算した28,966千円と68,359千円です。配賦基準に基づいてこの金額を1回配賦すると，補助部門にも金額が配賦されます。修繕部門費を例にとると，もとの19,200千円に管理部門からの配賦額9,766円を加算すると，連立方程式で計算した28,966千円になります。

One Point：連立方程式法の計算について

連立方程式法で計算した結果は，「①完全な相互配賦法について」で計算した結果と同じになります。完全な相互配賦法の計算は，一見面倒なようですが，実際にはそれほど手間はかかりませんので，連立方程式法による配賦計算の問題では，連立方程式を考えるよりも地道に配賦計算を繰り返した方が早いかもしれません。

7　階梯式配賦法

階梯式配賦法は，補助部門間のサービスのやり取りを，第2段階の配賦計算に部分的に反映させる方法です。補助部門費の配賦を実施した部門に対しては，それ以降は，ほかの補助部門からの配賦の対象にはしません。原価計算基準には配賦の順番の決定方法は記載されていませんが，他部門に提供するサービス（作業）が多い補助部門から配賦計算を順番に行うのが一般的な考え方です。サービスの多さは，①サービスの提供部門数，②部門費（金額）の順番で判断します。

例題9－5　補助部門費（修繕部門費19,200千円，管理部門費67,200千円）を，階梯式配賦法によって製造部門に配賦してください。補助部門費配賦前の部品部門費は80,000千円，組立部門費は96,000千円です。

配賦基準	部品部門	組立部門	修繕部門	管理部門
修繕時間	30時間	18時間	12時間	2時間
従業員数	20人	10人	5人	10人

●解答・解説

例題9－5では，サービスの提供部門数は同じなので，補助部門に集計された部門費の金額で判断します。つまり，集計された補助部門費が大きい補助部門より順番に配賦をし，一度配賦をした補助部門には配賦をしません。例題9－5では，まず管理部門費を配賦し，次に修繕部門費を配賦します。修繕部門からは，管理部門から配賦された9,600千円を加算した28,800千円を配賦します。この場合，すでに配賦計算をしている管理部門には配賦はしません。

（単位：千円）

	配賦基準	部品部門	組立部門	修繕部門	管理部門
部 門 費		80,000	96,000	19,200	67,200
管理部門費	従業員数	38,400	19,200	9,600	—
修繕部門費	修繕時間	18,000	10,800	(28,800)	—
合 計		136,400	126,000	—	—

8 部門別計算の第３段階

部門別計算の第３段階では，製造部門費勘定に集計された製造間接費を，仕掛品勘定に配賦します。第７章では，製造間接費をひとまとまりの原価として，一括して仕掛品勘定に配賦しましたが，部門別計算では，設定された複数の製造部門勘定から製造間接費を仕掛品勘定に配賦します。この場合，たとえば直接作業時間を配賦基準として用いても，製造部門によって直接作業時間が異なるために，製造部門ごとの配賦率も異なります。また，労働集約的な製造部門では直接作業時間を配賦基準とし，機械化が進んだ製造部門では機械作業時間を配賦基準にするなど，製造部門の作業特性によって配賦基準を変えることもできます。このため，単一の配賦基準を用いて製造間接費勘定から配賦を行う一括配賦法よりも，部門別計算を行った方が正確性の高い配賦を行うことができると考えられています。

例題９－６ 以下の資料をもとに，部品部門費136,800千円と組立部門費125,600千円を，製品Ｅと製品Ｙに配賦する計算を行ってください。計算上の端数は配賦額で処理し，小数点第１位を四捨五入してください（例題９－２で計算した製造部門費の金額に基づいて，本問は作成しています）。

① 両部門とも配賦基準を直接作業時間とする。
② 両部門とも配賦基準を機械作業時間とする。
③ 部品部門は直接作業時間を，組立部門は機械作業時間を配賦基準とする。
④ 製造間接費を一括して直接作業時間で配賦する。
⑤ 製造間接費を一括して機械作業時間で配賦する。

	部品部門		組立部門	
	直接作業時間	機械作業時間	直接作業時間	機械作業時間
製品Ｅ	200	120	60	185
製品Ｙ	400	72	190	129
合計	600	192	250	314

●解答・解説

（単位：千円）

		部品部門	組立部門	合計額
①	製品Ｅ	45,600	30,144	75,744
	製品Ｙ	91,200	95,456	186,656
	合計	136,800	125,600	262,400
②	製品Ｅ	85,500	74,000	159,500
	製品Ｙ	51,300	51,600	102,900
	合計	136,800	125,600	262,400
③	製品Ｅ	45,600	74,000	119,600
	製品Ｙ	91,200	51,600	142,800
	合計	136,800	125,600	262,400

		部品部門	組立部門	合計額
④	製品Ｅ	80,264		80,264
	製品Ｙ	182,136		182,136
	合計	262,400		262,400
⑤	製品Ｅ	158,166		158,166
	製品Ｙ	104,234		104,234
	合計	262,400		262,400

①　製品Ｅへの配賦計算（直接作業時間で配賦）

部品部門費の製品Ｅへの配賦額：$\frac{136{,}800\text{千円}}{600\text{時間}}\times 200\text{時間}=45{,}600\text{千円}$

組立部門費の製品Ｅへの配賦額：$\frac{125{,}600\text{千円}}{250\text{時間}}\times 60\text{時間}=30{,}144\text{千円}$

②　製品Ｅへの配賦計算（機械作業時間で配賦）

部品部門費の製品Ｅへの配賦額：$\frac{136{,}800\text{千円}}{192\text{時間}}\times 120\text{時間}=85{,}500\text{千円}$

組立部門費の製品Ｅへの配賦額：$\frac{125{,}600\text{千円}}{314\text{時間}}\times 185\text{時間}=74{,}000\text{千円}$

③　製品Ｅへの配賦計算（部品部門：直接作業時間，組立部門：機械作業時間で配賦）

製品Ｅへの配賦額：45,600千円＋74,000千円＝119,600千円

④　製品Ｅへの配賦計算（一括配賦法，直接作業時間で配賦）

製品Ｅへの配賦額：$\frac{136{,}800\text{千円}+125{,}600\text{千円}}{600\text{時間}+250\text{時間}}\times(200\text{時間}+60\text{時間})=80{,}264\text{千円}$

⑤　製品Ｅへの配賦計算（一括配賦法，機械作業時間で配賦）

製品Ｅへの配賦額：$\frac{136{,}800\text{千円}+125{,}600\text{千円}}{192\text{時間}+314\text{時間}}\times(120\text{時間}+185\text{時間})=158{,}166\text{千円}$

部品部門の直接作業時間と機械作業時間を比較すると，600時間と192時間で大きな違いがあり，直接作業時間を配賦基準とするのが適当であることがわかります。一方，組立部門については，両者の差はそれほど大きくありませんが，合計時間が長い機械作業時間を用いた方が，活動の実態を適切に反映できると考えられます。つまり，部品部門は直接作業時間を，組立部門は機械作業時間を配賦基準とする，③の方法が最も適切な配賦方法であるといえます。

一括配賦法に関しても，直接作業時間と機械作業時間のどちらを採用するかによって，製品への配賦額は大きく異なりますが，理論的な③の配賦額とは，上下に同じぐらいの金額がずれていることに気がつきます。

Focus 9　活動基準原価計算（ABC：Activity Based Costing）

製造間接費の配賦計算を精緻化するために，

①部門ではなく活動に製造間接費を集計する

②費目（製造間接費）ごと，活動ごとに異なる配賦基準を使用する

という2つの特徴を持つ活動基準原価計算（ABC）が，1980年代後半に提唱されました。下記の図では，部門別計算と活動基準原価計算について，配賦のプロセスを対比して示しています。部門別計算では，製造間接費をまず費目別に集計し，それを部門ごとに集計し直し，最終的には製造部門から製品に対して配賦を行います。それに対して，活動基準原価計算では，経済的資源（内容は費目別に集計した製造間接費）を活動別に配賦し，さらに活動別に集計された製造間接費を製品（原価計算対象）に配賦します。

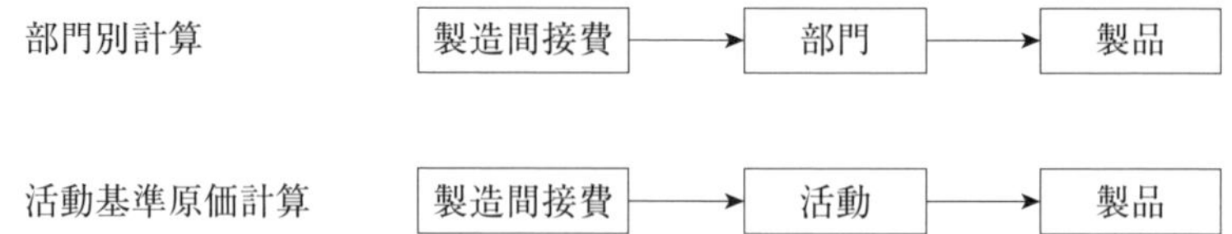

活動基準原価計算では，活動が経済的資源（製造間接費）を消費し，製品が活動を消費すると考えます。両者の流れ図を比較すればわかるように，製造間接費を製品に配賦する前に，中間的に部門に集計するか活動に集計するかが2つの方法の違いになります。部門よりも活動の方が製品の製造活動と関連づけやすいために，活動基準原価計算の方が配賦計算の正確性が高まると考えられていますが，原価計算基準ができたよりも後に提案された方法であり，財務諸表作成目的で日本で使用できるかどうかは微妙なところがあります。

第9章のKey Word

1．製造間接費，部門別計算，部門費
2．製造部門，補助部門，補助経営部門，工場管理部門
3．直接配賦法
4．相互配賦法，簡便法，連立方程式法
5．階梯式配賦法
6．活動基準原価計算（ABC：Activity based Costing）

Exercise

9—1　以下の文章の（　）内に適当な語句を入れてください。

部門別計算では，製造間接費を（　①　）と（　②　）に分類しますが，複数の部門に共通して発生する（　②　）は，個々の費目ごとに適切な基準を選択して部門に配分します。（　③　）部門に集計された部門費は，（　④　）配賦法，（　⑤　）配賦法，（　⑥　）配賦法などによって（　⑦　）部門に配賦します。（　③　）部門間のサービスの提供関係は，（　④　）配賦法では無視して計算するのに対して，（　⑤　）配賦法では方程式を用いて計算に反映させるほかに，1回だけ相互のサービスの提供関係を考慮して計算する場合もあります。

①		②		③	
④		⑤		⑥	
⑦					

9―2　以下の資料をもとにして，部門別計算を行ってください。

①　間接労務費（間接工と事務員の給料）と機械減価償却費は部門個別費として，第1段階の配賦計算をしてください。

（単位：千円）

費　目	金額	配分の基準	部　門				
			部品	組立	修繕	品質管理	工場事務
間接労務費	1,449千円	部門個別費	765千円	459千円	31千円	87千円	107千円
機械減価償却費	1,545千円	部門個別費	680千円	435千円	290千円	120千円	20千円
建物減価償却費	3,000千円	床面積	1,750m^2	1,250m^2	1,000m^2	550m^2	450m^2
電力料	1,156千円	電力使用量	750kw	470kw	130kw	60kw	35kw
システム費	1,950千円	利用時間	270h	320h	250h	210h	250h

①　第1段階の配賦計算　（単位：千円）

費　目	金額	部　門				
		部品	組立	修繕	品質管理	工場事務
間接労務費	1,449					
機械減価償却費	1,545					
建物減価償却費	3,000					
電力料	1,156					
システム費	1,950					
合　計						

②　第2段階の配賦計算について：直接配賦法と相互配賦法（簡便法）で計算してください。配賦後の金額で端数がある場合は，小数点第1位を四捨五入してください。

配賦基準	合計	部　門				
		部品	組立	修繕	品質管理	工場事務
修繕時間	210（h）	112	63	10	18	7
品質管理時間	194（h）	96	54	12	14	18
従業員数	62（人）	23	17	4	6	12

＊品質管理部門は，製造部門の品質管理を行うだけではなく，修繕部門および工場

事務部門との情報共有化のためにレポートを作成し，改善の協議を行っている。

② 第２段階の配賦計算（直接配賦法） （単位：千円）

費　目	金額	部	門			
		部品	組立	修繕	品質管理	工場事務
部門費（第１段階）						
修繕部門費						
品質管理部門費						
工場事務部門費						
小　計						
部門費（第２段階）						

② 第２段階の配賦計算（相互配賦法：簡便法） （単位：千円）

費　目	金額	部	門			
		部品	組立	修繕	品質管理	工場事務
部門費（第１段階）						
第１次配賦						
修繕部門費						
品質管理部門費						
工場事務部門費						
小　計						
第２次配賦						
修繕部門費						
品質管理部門費						
工場事務部門費						
小　計						
部門費（第２段階）						

③ 第２段階の計算を直接配賦法で行ったとして，以下の直接作業時間のデータにより，第３段階の計算（部品部門と組立部門から製品Ａと製品Ｂへの配賦）を行ってください。

	製品Ａ	製品Ｂ	合計
部品部門	84h	110h	194h
組立部門	36h	20h	56h

③　第３段階の配賦計算　（単位：千円）

	製品A	製品B	合計
部品部門費			
組立部門費			
合　　計			

9―3　以下の表は，製造部門と補助部門に集計された製造間接費と，補助部門費の配賦計算に関する資料です。以下の①～③について，途中で計算の結果を示さずに，四則演算でつなげた１つの式で計算式を示してください。

①　直接配賦法：修繕部門よりA製造部門への配賦額

②　相互配賦法（簡便法）：工場事務部門よりB製造部門への第１次の配賦額

③　相互配賦法（簡便法）：工場事務部門よりB製造部門への第２次の配賦額

	A製造部門	B製造部門	修繕部門	工場事務部門	合計
製造間接費（部門費）	800,000円	960,000円	190,000円	360,000円	2,310,000円
修繕時間	16時間	10時間	6時間	2時間	34時間
従業員数	8人	4人	2人	5人	19人

①	
②	
③	

9―4　NDMP社では，製造間接費について部門別計算を実施しており，配賦計算の第２段階が終了した時点で，部品部門に360万円，組立部門に120万円が集計されています。製品および部門ごとに直接作業時間をまとめた以下の資料に基づいて，①部門ごとに配賦計算をする場合と，②一括して配賦する場合の２通りの方法で計算し，③製品Mへの配賦額が増加する理由を説明してください（③の解答欄はありません）。

	製品P	製品M	合計
部品部門	42時間	18時間	60時間
組立部門	8時間	32時間	40時間
合計	50時間	50時間	100時間

①	P	計算式：	万円
	M	計算式：	万円
②	P	計算式：	万円
	M	計算式：	万円

9―5　レポート用課題：バジェタリースラック(9)

目白：バジェタリースラックでも部門別計算をするべきかしら。

S先生：バジェタリースラックの規模を考えたら，部門別計算はしなくてもいいと思いますよ。

目白：じゃあ，今回はレポート課題はなしね。1回休憩で，学生も喜ぶよ，きっと。

S先生：そういうわけにもいかないので，バジェタリースラックの管理業務について，課題を考えてみましょう。

【問題】① 部門別計算の章で，レポートのテーマが管理業務である理由を考えてください。

② バジェタリースラックでは，どのような管理業務を行っていると思いますか。項目を列挙し，内容についても説明をしてください。

③ バジェタリースラックの管理業務は，少し前まで，劇団の立ち上げのときから在籍している女性スタッフが1名で担当していました。この場合に考えられる問題点と改善策を列挙してください。

④ 製造間接費は，部門に対する直接費である部門個別費と，部門に対する間接費である部門共通費に分類されます。つまり，製造間接費の中に，部門個別費という直接費が存在することになるのですが，理由を説明してください。

《解答と解説》

9―1

①	部門個別費	②	部門共通費	③	補助
④	直接	⑤	相互	⑥	階梯式
⑦	製造	④，⑤，⑥の解答は，後半の文章から特定できます。			

9－2

①　第１段階の配賦計算　（単位：千円）

費　　目	金額	部　　　　門				
		部品	組立	修繕	品質管理	工場事務
間接労務費	1,449	765	459	31	87	107
機械減価償却費	1,545	680	435	290	120	20
建物減価償却費	3,000	1,050	750	600	330	270
電力料	1,156	600	376	104	48	28
システム費	1,950	405	480	375	315	375
合　計	9,100	3,500	2,500	1,400	900	800

②　第２段階の配賦計算（直接配賦法）　（単位：千円）

費　　目	金額	部　　　　門				
		部品	組立	修繕	品質管理	工場事務
部門費（第１段階）	9,100	3,500	2,500	1,400	900	800
修繕部門費	1,400	896	504			
品質管理部門費	900	576	324			
工場事務部門費	800	460	340			
小　　計	(3,100)	1,932	1,168			
部門費（第２段階）	9,100	5,432	3,668			

②　第２段階の配賦計算（相互配賦法：簡便法）　（単位：千円）

費　　目	金額	部　　　　門				
		部品	組立	修繕	品質管理	工場事務
部門費（第１段階）	9,100	3,500	2,500	1,400	900	800
第１次配賦						
修繕部門費	1,400	784	441	—	126	49
品質管理部門費	900	480	270	60	—	90
工場事務部門費	800	368	272	64	96	—
小　　計	(3,100)	1,632	983	124	222	139
第２次配賦						
修繕部門費	124	79	45			
品質管理部門費	222	142	80			
工場事務部門費	139	80	59			
小　　計	(485)	301	184			
部門費（第２段階）	9,100	5,433	3,667			

直接配賦法と相互配賦法の結果が１円しか違わないのは偶然です。作問をした自分でも驚いています。

③　第３段階の配賦計算　　　　（単位：千円）

	製品A	製品B	合計
部品部門費	2,352	3,080	5,432
組立部門費	2,358	1,310	3,668
合　計	4,710	4,390	9,100

9－3

①	$190{,}000円 \times \dfrac{16時間}{16時間+10時間}$	(116,923円)
②	$360{,}000円 \times \dfrac{4人}{8人+4人+2人}$	(102,857円)
③	$\left(190{,}000円 \times \dfrac{2時間}{16時間+10時間+2時間}\right) \times \dfrac{4人}{8人+4人}$	(4,524円)

計算自体は特に難しくはないのですが，途中で結果を出さずに計算プロセス（計算式）を書くとなると，途惑った人も多いと思います。頭の体操として本問を作成してみました。

9－4

①	P	計算式：$360万円 \times \dfrac{42時間}{60時間} + 120万円 \times \dfrac{8時間}{40時間}$	276万円
	M	計算式：$360万円 \times \dfrac{18時間}{60時間} + 120万円 \times \dfrac{32時間}{40時間}$	204万円
②	P	計算式：$(360万円+120万円) \times \dfrac{42時間+8時間}{60時間+40時間}$	240万円
	M	計算式：$(360万円+120万円) \times \dfrac{18時間+32時間}{60時間+40時間}$	240万円

③　部品部門費の配賦率は６万円，組立部門費の配賦率は３万円なので，部門ごとに配賦する①の方法では，配賦率が高い部品部門での作業時間が長い製品Ｐへの配賦額が多くなります。一方，②の部門費総額での配賦率は4.8万円であり，組立部門の作業時間に対する配賦率が，部門別配賦のときの３万円よりも1.8万円大きくなっています。そのため，組立部門での作業時間が長い製品Ｍへの配賦額が②では①より増加しています。

第10章 単純総合原価計算

1　単純総合原価計算とは

①　総合原価計算について

第８章で学習した個別原価計算は，個々の製品が特徴的な１品生産の受注品に適用されました。個別原価計算では，特定製造指図書が発行され，各製品に１つずつ仕掛品勘定を設定します。したがって，仕掛品勘定の借方での製造原価の集計が主要な課題でした。

総合原価計算は，自動車，パソコン，日用品などの，標準的な大量生産品に対して適用します。総合原価計算を適用する製品には**継続製造指図書**を発行し，需要がある限り作り続けるのを前提としています。また，総合原価計算では，１つの仕掛品勘定に同じ大量生産品の製造原価をすべて集計しますので，月末には完成品と仕掛品（製造途中の製品）への原価の配分が問題とされます。つまり，製造のために投入した原価が，結果として完成品の原価になったのか，未完成品の原価として次期に繰り越されるのかを，仕掛品勘定の貸方で計算することが，総合原価計算の主要な論点になります。

②　総合原価計算の種類と計算上の課題

総合原価計算には，いくつかの種類があります。本章で学習する**単純総合原価計算**は，１つの工場で生産する製品が１種類であり，製造工程を１工程とした場合に適用されます。その適用条件を少しずつ変更することで，工程別総合原価計算，組別総合原価計算，等級別総合原価計算，連産品の原価計算などが行われます。また，副産物と不良品を製造したときや，投入した材料が完成品に使われず，作業屑や減損が生じたときの処理も必要です。これらを一覧表にしたものが**図表10―１**です。

図表10―1 総合原価計算で学習する項目

項　目	内　容	章
単純総合原価計算	1種類の製品だけを生産する。工程は1工程。	10
工程別総合原価計算	工程を複数に分割する。	11
組別総合原価計算	2種類以上の製品を生産する。	
等級別総合原価計算	大きさ等が違う同種の製品を生産する。	
連産品の原価計算	必然的に2種類以上の製品を生産する。	12
副産物	必然的に生産される価値が低い製品。	
作業屑	完成品に使用されなかったが，物質として識別可能な材料。	
仕損品	不良品。	
減損	完成品に使用されず，消滅した材料。	

2　単純総合原価計算における製造原価の計算

①　総合原価計算の仕掛品勘定

例題10-1　荻野目製作所では，製品DHを大量生産しています。当月の開始時には，前月に製造を開始したものの完成しなかった仕掛品が500個（製造原価1,000千円）残っていました。それも含めて当月も製造を続けて，7,200個（製造原価19,800千円）の製品を完成させましたが，800個（製造原価1,200千円）は月末までに完成させることができずに仕掛品となりました。このような製造状況に基づいて，物量ベースと原価ベースで仕掛品勘定を作成してください。

解答・解説

（単位：個）

（借方）	仕掛品	（物量ベース）	（貸方）
①月初仕掛品	500	③製品（完成品）	7,200
②当月投入	7,500	④月末仕掛品（未完成品）	800
	8,000		8,000

（単位：千円）

（借方）	仕掛品	（原価ベース）	（貸方）
①月初仕掛品	1,000	③製品（完成品）	19,800
②当月投入	20,000	④月末仕掛品（未完成品）	1,200
	21,000		21,000

左側が物量ベースで示した**仕掛品勘定**であり，右側が原価ベースで作成した仕掛品勘定です。物量ベースの仕掛品勘定では，製造のために投入された材料を借方に記入し，投入された材料が，結果として完成品と未完成品のどちらに使われたのかを貸方に記入します。貸方の合計の8,000個から月初仕掛品の500個を差し引いて，借方の当月投入は7,500個と計算します。

右側の原価ベースの仕掛品勘定では，製造のために投入された材料費，労務費，経費の金額を借方に記入し，貸方にはその結果として，その金額が完成品と未完成品のどちらの原価に配分されたのかを記入します。当月投入の金額は物量ベースの仕掛品と同じ方法で計算できますが，借方には，①月初仕掛品1,000千円と，②当月投入20,000千円の合計21,000千円が，製品を製造するために投入された原価として記入されます。実際の計算では，直接材料費と加工費（直接材料費以外の製造原価）に分類し，それぞれについて③製品と④月末仕掛品に配分する計算を行います。

②　原価配分の方法

総合原価計算における原価の配分方法は，先入先出法と平均法の２種類です。仕掛品勘定の借方の要素は，前月以前に製造に着手した月初仕掛品と，当月に製造に着手した当月投入の２種類に分類します。先入先出法は，先に製造に着手した月初仕掛品が，先に完成品になると仮定します。平均法は，月初仕掛品と当月に製造を開始した当月投入分が，平均的に完成品になると仮定しています。

One Point：総合原価計算における原価配分方法の選択

総合原価計算でどの原価配分方法を採用するかは，本来は企業の製造方法の違いを反映して決定すべきです。多くの企業では，先に製造を始めた仕掛品から完成していくので先入先出法を採用すべきですが，流動性の高い液体や加熱して溶解した金属などであれば，平均法が適しています。しかし，このような製造方法の違いで決めるのではなく，計算の容易さや，利益に与える影響を考慮して手法を選択することも，現実的には多いようです。

実務的には，計算方法の簡便性が優先される場合もあり，必ずしも生産プロセスと選択した手法の整合性が保たれているわけではありません。ただし，企業が自由に原価計算手法を変更できるとすると，企業側に利益操作を認めることになります。そのため，特段の事情がない限り，一度決めた会計方針の変更は認めない代わりに，選択した会計方針を継続的に利用していれば問題なしとする，継続性の原則が適用されることになります。原価計算では，材料費の計算方法や製造間接費の配賦基準など，複数の計算方法を選択できる場合が多くあり，ここでの記述はそれらに同様に当てはめることができます。

3　直接材料費の計算

①　先入先出法による計算

先入先出法では，先に製造に着手した月初仕掛品がまず完成品になり，次に当月に投入した材料（直接材料費）から完成品が作られると仮定します。当月に投入した材料の残りは月末仕掛品を製造するために使われています。先入先出法で原価を完成品と月末仕掛品に配分する計算手順には２種類の方法があります。

■第１法
1）月初仕掛品原価は全額を完成品の原価とする。
2）当月投入原価を，月末仕掛品と完成品に配分する。

3）月初仕掛品と当月投入から完成品原価になる金額を合計する。

■第2法

1）当月投入分から月末仕掛品に配分する原価を計算する。

2）仕掛品勘定の借方の合計額から月末仕掛品原価を控除して，完成品の原価を計算する。

例題10-2 荻野目製作所では，製品No.246を大量生産しています。12月の月初仕掛品の直接材料費は8,400円（100kg），当月に投入した直接材料費は31,600円（400kg）で，完成品は350kg，月末仕掛品は150kgでした。完成品と月末仕掛品に配分される直接材料費を先入先出法で計算してください。直接材料費は，工程の開始時点ですべて投入されています。

●解答・解説

■第1法

1）月初仕掛品100kgの直接材料費8,400円は，すべて完成品原価とします。

2）当月に投入した直接材料費を，月末仕掛品と完成品に配分します。

当月投入の直接材料費400kgのうち，150kgは月末仕掛品原価になり，残りの250kgは完成品原価になります。完成品への配分額を計算する式の分子は，完成品350kgから月初仕掛品からの完成分100kgを差し引いて計算することもできます。

月末仕掛品への配分額：$31,600円 \times \frac{150kg}{400kg} = 11,850円$

完成品への配分額：$31,600円 \times \frac{400kg - 150kg}{400kg} = 19,750円$

3）月初仕掛品と当月投入から完成品原価になる金額を合計します。

完成品の直接材料費：8,400円＋19,750円＝28,150円

物量と原価を1つの仕掛品勘定に表して計算の仕方を示したのが，下記の仕掛品勘定になります。

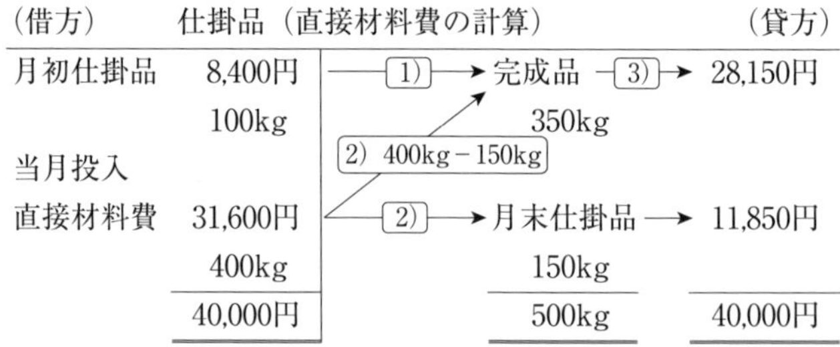

■第2法

1）当月投入分から月末仕掛品への配分額を算出します。

月末仕掛品への配分額：$31,600円 \times \frac{150kg}{400kg} = 11,850円$

2）月初仕掛品と当月投入の合計額から，月末仕掛品への配分額を控除して，完成品の直接材料費を計算します。

完成品の直接材料費：（8,400円＋31,600円）－11,850円＝28,150円

第1法と第2法を比較すればわかるように，計算が容易なのは第2法です。また，仕損品原価を完成品に負担させる場合なども，第2法の方が適しています。

②　平均法による計算

平均法では，前月以前に着手した月初仕掛品と，当月に製造に着手した分が，平均的に完成品と月末仕掛品になると仮定して，製造原価を配分する計算をします。平均法についても，以下の２種類の計算手順が存在しますが，完成品原価を求めるだけであれば，第１法の方が簡単です。

■第１法

１）仕掛品勘定の借方の合計額を，完成品と月末仕掛品に配分する。

■第２法

１）月末仕掛品原価を計算する。

２）仕掛品勘定の借方の合計額から月末仕掛品原価を控除して，完成品の原価を計算する。

例題10-３　荻野目製作所では，製品 No.246を大量生産しています。12月の月初仕掛品の直接材料費は8,400円（100kg），当月に投入した直接材料費は31,600円（400kg）で，完成品は350kg，月末仕掛品は150kgでした。完成品と月末仕掛品に配分される直接材料費を平均法で計算してください。直接材料費は，工程の開始時点ですべて投入されています。

●解答・解説

■第１法

月初仕掛品と当月投入の直接材料費の合計額を，月末仕掛品と完成品に配分します。

$$\text{完成品の直接材料費：}(8{,}400\text{円}+31{,}600\text{円})\times\frac{350\text{kg}}{350\text{kg}+150\text{kg}}=28{,}000\text{円}$$

$$\text{月末仕掛品の直接材料費：}(8{,}400\text{円}+31{,}600\text{円})\times\frac{150\text{kg}}{350\text{kg}+150\text{kg}}=12{,}000\text{円}$$

■第２法

１）まず月末仕掛品原価を計算します。

$$\text{月末仕掛品の直接材料費：}(8{,}400\text{円}+31{,}600\text{円})\times\frac{150\text{kg}}{350\text{kg}+150\text{kg}}=12{,}000\text{円}$$

２）月初仕掛品の直接材料費と当月投入の直接材料費の合計額から月末仕掛品の直接材料費を控除して，完成品の直接材料費を計算します。

$$\text{完成品の直接材料費：}(8{,}400\text{円}+31{,}600\text{円})-12{,}000\text{円}=28{,}000\text{円}$$

平均法についても，物量と原価を１つの仕掛品勘定に表して計算の仕方を示してみました。視覚化すると，先入先出法に比べて配分の仕方がシンプルで，計算しやすいことがわかると思います。

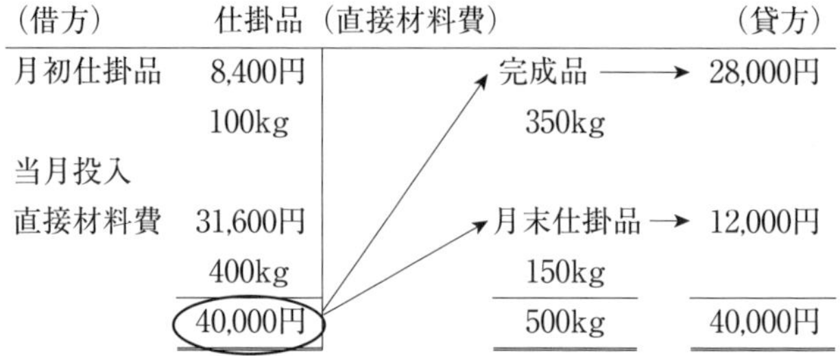

（借方）	仕掛品（直接材料費）		（貸方）
月初仕掛品	8,400円	完成品 →	28,000円
	100kg	350kg	
当月投入			
直接材料費	31,600円	月末仕掛品 →	12,000円
	400kg	150kg	
	40,000円	500kg	40,000円

4　加工費の計算

①　加工進捗度と仕掛品の完成品換算量

製品を製造するために使用される原価は，直接材料費だけではありません。**図表10―2**に示すように，直接労務費，直接経費，製造間接費も製品を製造するために使われており，これらの原価を合わせて**加工費**といいます。なお，直接経費は加工費に含まずに，別途配分計算をする場合があります（原価計算基準８㈢）。

図表10―２　直接材料費と加工費

形態別分類＼直間分類	直接費	間接費
材料費	直接材料費	製造間接費
労務費	直接労務費	
経費	直接経費	

形態別分類＼直間分類	直接費	間接費
材料費	直接材料費	加工費
労務費	加工費	
経費		

One Point：総合原価計算における製造間接費

単純総合原価計算では，工場全体で１種類の製品を製造していることを前提とするため，すべての原価が直接費となり，製造間接費は存在しません。２種類以上の製品を製造する場合は，一般的には組別総合原価計算が適用され，組間接費として製品への配分をまず行ってから総合原価計算を実施します。

総合原価計算では，加工費は製品の製造が進むにつれ，比例的に増加する原価であると仮定します。**図表10―３**の縦軸は加工費の金額を，横軸は加工の進み具合である**加工進捗度**（しんちょくど）を示しています。製造開始時点では加工費は全く発生していませんが，加工が進むにつれて直線的な比例関係で増加していき，完成時に加工費が100％発生していることになります。たとえば，加工進捗度が50％のポイントでは，加工費も50％発生していると仮定します。総合原価計算で加工進捗度が問題になるのは，月初仕掛品と月末仕掛品についてです。これらの仕掛品は未完成品ですので，加工進捗度は100％未満であり，その割合だけしか加工費は発生していません。

図表10―3　加工進捗度と加工費の発生状況

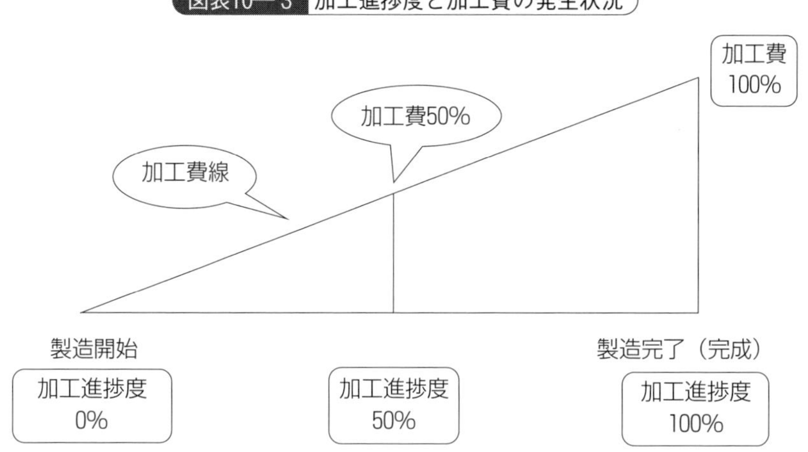

> **例題10-4**　例題10-2のケースで，荻野目製作所の製品No.246の12月の月初仕掛品100kgの加工進捗度は50％で，月末仕掛品150kgの加工進捗度は80％として，加工進捗度を加味した物量ベースの仕掛品勘定を作成してください。完成品は350kgです。

●解答・解説

（借方）　仕掛品（加工費：完成品換算量ベース）　（貸方）

月初仕掛品	50kg	完成品	350kg
当月投入加工費の完成品換算量	420kg	月末仕掛品	120kg
	470kg		470kg

月初仕掛品100kgの加工進捗度は50％（0.5），月末仕掛品150kgの加工進捗度は80％（0.8）ですので，月初仕掛品については100kg×0.5＝50kg，月末仕掛品については150kg×0.8＝120kgの完成品に相当する加工費しか発生していないことになります。ここで計算した月初仕掛品の50kg，月末仕掛品の120kgを**完成品換算量**といいます。

総合原価計算で加工費を計算するためには，加工費について完成品換算量ベースで仕掛品勘定を作成する必要があります。作成の手順としては，月初仕掛品と月末仕掛品の完成品換算量を記入し，貸借の差額で当月投入加工費の完成品換算量を計算します。貸方の完成品（製品勘定への振替）は，加工進捗度100％ですので，そのままの数量を記入します。例題10−4では，当月投入の完成品換算量は420kg（350kg＋120kg −50kg）と計算されますが，これは420kg分の完成品を作るのに必要な加工費が当月に投入されたことを意味しています。

仕掛品勘定を構成する4つの項目は，それぞれで使用した加工費の割合がバラバラなために，直接材料費のように，借方の投入金額を貸方の完成品と期末仕掛品に単純に配分することはできません。しかし，月初仕掛品，月末仕掛品，当月に投入された加工費を完成品換算量に変換することで，仕掛品勘定のすべての要素が，完成品1単位当たりの加工費を基準として示されることになります。こうすることで，直接材料費と同じように，借方に集計された金額を貸方に配分する計算が可能になります。

②　先入先出法による計算

例題10−5　例題10−2のケースで，荻野目製作所の製品No.246の12月のデータに基づいて，完成品と月末仕掛品に配分される加工費を先入先出法で計算してください。また，完成品については，直接材料費と加工費を合計した総製造原価をもとに，単位原価（製品1単位当たりの製造原価）も計算してください。

月初仕掛品　100kg（加工進捗度50％）　加工費　3,340円
当月に投入した加工費　20,160円
完成品　350kg
月末仕掛品　150kg（加工進捗度80％）

●解答・解説

■第1法

1）月初仕掛品（完成品換算量50kg）の加工費3,340円は，すべて完成品原価とします。

2）当月に投入した加工費を，月末仕掛品と完成品に配分します。
当月に投入した加工費の完成品換算量420kgのうち，120kgは月末仕掛品原価になり，残りの300kgは完成品原価になります。完成品への配分額を計算する式の分子は，完成品350kgから月初仕掛品の完成品換算量50kgを差し引いて計算することもできます。

月末仕掛品原価：$20{,}160\text{円} \times \dfrac{120\text{kg}}{420\text{kg}} = 5{,}760\text{円}$

加工費の完成品原価：$20{,}160\text{円} \times \dfrac{420\text{kg} - 120\text{kg}}{420\text{kg}} = 14{,}400\text{円}$

3）月初仕掛品と当月投入から完成品原価になる金額を合計します。
完成品の加工費：3,340円＋14,400円＝17,740円

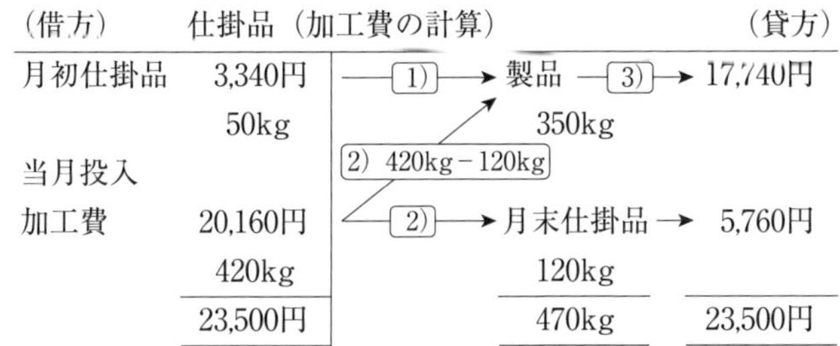

■**第２法**

1）当月投入分から月末仕掛品への配分額を算出します。

月末仕掛品への配分額：20,160円 $\times \frac{120\text{kg}}{420\text{kg}}$ = 5,760円

2）月初仕掛品と当月投入の合計額から，月末仕掛品への配分額を控除して，完成品の加工費を計算します。

完成品の加工費：(3,340円＋20,160円) －5,760円＝17,740円

計算の手続としては，直接材料費と加工費を合計した完成品製造原価を求め，さらに**単位原価**（製品１単位当たりの製造原価）も計算します。

完成品総製造原価：28,150円＋17,740円＝45,890円

単位原価：45,890円÷350kg ≒＠131.1円

③　平均法による計算

> **例題10-6**　例題10-３のケースで，荻野目製作所の製品 No.246の12月のデータに基づいて，完成品と月末仕掛品に配分される加工費を平均法で計算してください。また，完成品については，直接材料費と加工費を合計した総製造原価をもとに，単位原価（製品１単位当たりの製造原価）も計算してください。
>
> 月初仕掛品100kg（加工進捗度50％）　加工費3,340円
>
> 当月に投入した加工費20,160円
>
> 完成品350kg
>
> 月末仕掛品150kg（加工進捗度80％）

●**解答・解説**

■**第１法**

月初仕掛品と当月投入の加工費の合計額を，月末仕掛品と完成品に配分します。

完成品の加工費：(3,340円＋20,160円) $\times \frac{350\text{kg}}{350\text{kg}+120\text{kg}}$ = 17,500円

月末仕掛品の加工費：(3,340円＋20,160円) $\times \frac{120\text{kg}}{350\text{kg}+120\text{kg}}$ = 6,000円

■**第２法**

1）月末仕掛品原価を計算します。

月末仕掛品の加工費：(3,340円＋20,160円) $\times \frac{120\text{kg}}{350\text{kg}+120\text{kg}}$ = 6,000円

2）月初仕掛品の加工費と当月投入の加工費の合計額から，月末仕掛品の加工費を控除して，完成品の加工費を計算します。

完成品の加工費：(3,340円＋20,160円）－6,000円＝17,500円

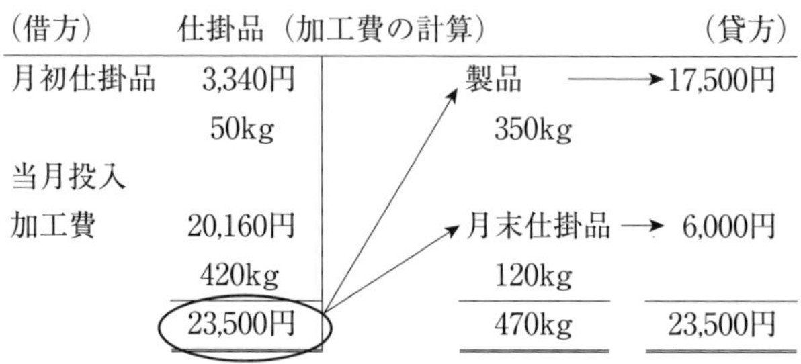

（借方）	仕掛品（加工費の計算）		（貸方）
月初仕掛品	3,340円	製品	→17,500円
	50kg	350kg	
当月投入			
加工費	20,160円	月末仕掛品	→ 6,000円
	420kg	120kg	
	23,500円	470kg	23,500円

完成品総製造原価：28,000円＋17,500円＝45,500円

単位原価：45,500円÷350kg ＝@130円

Focus 10　完成品換算量の意味

総合原価計算の計算はできても，完成品換算量，特に当月投入の完成品換算量の意味を説明できる人は少ないようです。完成品換算量は，仕掛品と当月投入のそれぞれに使われた加工費が，製品何単位を製造できる加工費であるのかを示しています。例題10－4では，月初仕掛品は100kgで，加工進捗度は50％ですので，完成品換算量は50kgになります。このことは，月初仕掛品に使われている加工費は，50kgの完成品を製造するのに必要な加工費に相当する金額であることを意味しています。

当月投入の完成品換算量の説明として，当月に投入された加工費で製造「した」完成品の量というのがよくある間違いですが，当月に投入した加工費の完成品換算量420kgも，月初仕掛品と同様に，当月に投入された加工費で製造「することができる」完成品の量を示しています。当月に投入した加工費は，①月初仕掛品を完成させるために使われた分，②当月に作り始めて完成品になった分，③当月に作り始めて月末仕掛品になった分の3種類の用途に使われているため，月初仕掛品のように加工進捗度を示すことはできませんし，その量の完成品が作られているわけでもありません。

なお，完成品は加工進捗度が100％ですので，完成品換算量を計算する必要はありません。逆に，製造工程全般にわたり材料を投入する場合には，材料費も加工進捗度を考慮して計算することになります。

第10章のKey Word

1．総合原価計算，継続製造指図書
2．直接材料費，加工費
3．加工進捗度，完成品換算量
4．先入先出法，平均法
5．単位原価

Exercise

10―1　以下の文章の（　）内に適当な語句を入れてください。

1つの工場で1つの製品だけを大量生産している場合は，（　①　）総合原価計算を適用し，期首（　②　）の原価と当期投入額を，（　③　）と期末（　②　）に配分します。総合原価計算では，製造原価を（　④　）と加工費に分類し，加工費の配分では（　⑤　）を考慮して（　⑥　）に変換した後に，（　⑦　）法か（　⑧　）法により配分の計算を行います。総合原価計算では，最終的には製品の1個当たりの原価である（　⑨　）原価を計算します。

①		②		③	
④		⑤		⑥	
⑦		⑧		⑨	

10―2　㈱プラムの東京工場では，総合原価計算を実施しています。以下の資料をもとに，物量ベースの仕掛品勘定を作成し，先入先出法で完成品原価と月末仕掛品原価を計算してください。計算上端数が出る場合は，小数点第1位を四捨五入してください。

	個数	加工進捗度	直接材料費	加工費
月初仕掛品	200個	30%	1,875,000円	714,000円
当月投入	?	?	3,945,000円	6,036,000円
合計	?	―	5,820,000円	6,750,000円
完成品	500個	?	?	?
月末仕掛品	100個	40%	?	?

（借）　仕　掛　品　（貸）

月初仕掛品		完成品	
当月投入		月末仕掛品	

（借）　仕掛品（換算量ベース）　（貸）

月初仕掛品		完成品	
当月投入		月末仕掛品	

	計算式	金額
月末仕掛品 直接材料費		円
月末仕掛品 加　工　費		円
完成品原価		円
単 位 原 価		円

10—3　10—2のデータに基づいて，平均法で完成品原価と月末仕掛品原価を計算してください。

	計算式	金額
月末仕掛品 直接材料費		円
月末仕掛品 加　工　費		円
完成品原価		円
単 位 原 価		円

10—4　A社は単一の製品を製造しており，単純総合原価計算（先入先出法）によって製品原価の計算を行っています。A社で製造している製品について，以下の条件に基づいて，当月投入の金額と完成品単位原価を計算してください。材料は工程の始点で投入しています。また，（　）内の数値は加工進捗度を示しています。計算上端数が出る場合は，小数点第2位を四捨五入してください。

月初仕掛品　1,600個　（80%）　直接材料費13,200円　加工費22,000円
当月投入　　6,400個
月末仕掛品　1,000個　（50%）
完成品　　　7,000個

当月投入に関する原価データ

直接材料費　月初棚卸高16,500円　当月購入額162,200円
　　　　　　月末帳簿棚卸高18,700円　月末実地棚卸高17,600円
　　　　　　月末の帳簿と実地の棚卸高の差額は正常な範囲内の金額です。
労　務　費　前月未払額23,000円　当月支払額169,500円　当月未払額16,500円
経　　　費　前月前払額 3,520円　当月支払額152,000円　当月前払額 2,400円

		計算式	金額
当月投入	直接材料費		円
	労　務　費		円
	経　　　費		円
完成品	直接材料費		円
	加　工　費		円
	完成品原価		円
	単 位 原 価		円

10—5　レポート用課題：バジェタリースラック⑽

Professor S

目白：さすがに演劇では総合原価計算は関係ないわね。

S先生：グッズやDVDの売上が3千万円ありますけど，作る数は決めていますから，ロット別個別原価計算ですよね。

目白：実際の製造は外部の㈱プラムに頼んでいるので，うちでは原価計算も必要ないから，今回こそレポート課題をなくしたら，学生も喜ぶんじゃないかしら。

S先生：そういうわけにもいかないので，視点を変えて買う側の管理について考えてみましょう。

【問題】①　バジェタリースラックでは，公演ごとにグッズを制作していますが，社内の制作担当者が企画をして，㈱プラムに製造を委託しています。この場合，製品の管理でどのような点に気をつけるべきか考えてください。

②　バジェタリースラックでは，東京公演の2週間ぐらい後に地方公演を行うことがありますが，追加の製造をしないために，地方公演の途中でグッズが売り切れることがよくあります。そのような品切れが起きる理由と，品切れを回避する方法を考えてください。

【問題②のヒント】「追加の製造をすれば品切れを回避できる」は，②の解答としては不適当です。追加の製造をしない理由を考えて，その解決策を考えてください。

《解答と解説》

10—1

①	単純	②	仕掛品	③	完成品
④	直接材料費	⑤	加工進捗度	⑥	完成品換算量
⑦	先入先出	⑧	平均	⑨	単位

⑦と⑧は入れ替え可能です。

10—2

（借）	仕　掛　品		（貸）
月初仕掛品	200	完成品	500
当月投入	400	月末仕掛品	100
	600		600

（借）	仕掛品（換算量ベース）		（貸）
月初仕掛品	60	完成品	500
当月投入	480	月末仕掛品	40
	540		540

	計算式	金額
月末仕掛品 直接材料費	$3{,}945{,}000円 \times \frac{100個}{400個}$	986,250円
月末仕掛品 加　工　費	$6{,}036{,}000円 \times \frac{40個}{480個}$	503,000円
完成品原価	5,820,000円＋6,750,000円－（986,250円＋503,000円）	11,080,750円
単位原価	11,080,750円÷500個	22,162円

10—3

	計算式	金額
月末仕掛品 直接材料費	$5{,}820{,}000円 \times \frac{100個}{600個}$	970,000円
月末仕掛品 加　工　費	$6{,}750{,}000円 \times \frac{40個}{540個}$	500,000円
完成品原価	5,820,000円＋6,750,000円－（970,000円＋500,000円）	11,100,000円
単位原価	11,100,000円÷500個	22,200円

10—4

		計算式	金額
当月投入	直接材料費	16,500円＋162,200円－18,700円 （月初棚卸高＋当月購入額－月末帳簿棚卸高＝当月材料費）	160,000円
	労　務　費	169,500円＋16,500円－23,000円 （当月支払額＋当月未払額－前月未払額＝当月労務費）	163,000円
	経　　費	3,520円＋152,000円－2,400円＋（18,700円－17,600円） （前月前払額＋当月支払額－当月前払額＋棚卸減耗費）	154,220円
完成品	直接材料費	$13{,}200円 + 160{,}000円 \times \frac{7{,}000個 - 1{,}600個}{6{,}400個}$	148,200円
	加　工　費	$22{,}000円 + (163{,}000円 + 154{,}220円) \times \frac{7{,}000個 - 1{,}600個 \times 0.8}{7{,}000個 + 1{,}000個 \times 0.5 - 1{,}600個 \times 0.8}$	313,720円
	完成品原価	148,200円＋313,720円	461,920円
	単位原価	461,920円÷7,000個	66.0円

第11章

工程別総合原価計算，組別総合原価計算，等級別総合原価計算

1　工程別総合原価計算

製品を製造するための作業は，**工程**と呼ばれる複数の作業から構成されています。第10章では，単純な構造の製品であるために，大量生産品の製造プロセスを工程として分割していない場合や，製造プロセスは分割可能でも，１つの製造工程とみなしている場合の総合原価計算について説明しました。

それに対して，複数の製造工程を経て製品を製造しているために，製造工程ごとに分割して総合原価計算を実施することもあります。このような総合原価計算を**工程別総合原価計算**といいます。工程別総合原価計算の目的は，製品単位の原価責任だけではなく，工程ごとの原価責任を明確にすることで，原価管理をより効果的に行うことにあります。また，原価計算のプロセスを細分化することで，計算される製造原価の正確性も向上します。

One Point：実際の製造工程について

原価計算のテキストでは，部品工程と組立工程のように，単純化して２つの工程で示すことが多いのですが，実際にはもっと多くの工程を経て製品は製造されています。ここでは，２社のホームページより，ビールとマヨネーズの製造工程を紹介します。

・ビールの製造・出荷

①原料調達⇒②製麦⇒③仕込⇒④発酵⇒⑤貯蔵（熟成）⇒⑥ろ過⇒⑦缶詰め⇒⑧検査⇒⑨出荷

・マヨネーズの製造・出荷

①原料到着⇒②原料検査⇒③割卵⇒④調合⇒⑤（ボトルの）口部カット⇒⑥充てん⇒⑦キャップじめ⇒⑧包装・箱詰め⇒⑨出荷

（参考）キリンビールHP（おいしいビールができるまで）(2021.6.14アクセス)
キユーピーHP（マヨネーズができるまで）(2021.6.14アクセス)

工程別総合原価計算には，累加法と非累加法の２種類がありますが，本書では一般的な方法である累加法について説明します。**累加法**の工程別総合原価計算は，総合原価計算を工程の数だけ繰り返して行います。**図表11－１**では，第１工程と第２工程の２つの工程を経て製品が製造されており，第１工程の完成品が第２工程で加

工されて最終的な製品になります。工程ごとでみれば第1工程の完成品になりますが，製造工程全体でみれば製造途中の仕掛品であり，第1工程完成品は第2工程の当月投入材料に相当します。

この場合，第1工程完成品の製造原価を**前工程費**といい，図表11—1では3,200千円が第2工程の当月投入とされています。前工程費は材料費と同様に考えて進捗度は考慮しません。それ以外の計算については，単純総合原価計算と工程別総合原価計算は同じであり，工程の数だけ単純総合原価計算を繰り返すと考えてください。

図表11—1 工程間の原価の振替

（単位：千円）

第1工程仕掛品

（借方）		（貸方）	
月初仕掛品	500	第1工程完成品	3,200
当月投入			
直接材料費	1,800		
加工費	1,200	月末仕掛品	300
	3,500		3,500

第2工程仕掛品

（借方）		（貸方）	
月初仕掛品	400	製　品（完成品）	4,700
当月投入			
前工程費	3,200		
加工費	1,400	月末仕掛品	300
	5,000		5,000

例題11-1 第1工程の完成品製造原価が360,000円のときに，平均法によって第2工程の完成品の製造原価を計算してください。完成品については，単位原価も計算してください。カッコ内の％は加工進捗度を示しています。計算上端数が出る場合には，小数点第1位を四捨五入してください。

月初仕掛品	240kg（40％）	前工程費　96,000円，	加工費　67,200円
当月投入	720kg	前工程費　360,000円，	加工費　248,160円
完成品	840kg		
月末仕掛品	120kg（30％）		

●解答・解説

■前工程費

月末仕掛品原価　$(96{,}000円 + 360{,}000円) \times \dfrac{120kg}{840kg + 120kg} = 57{,}000円$

完成品原価　96,000円＋360,000円－57,000円＝399,000円

■加工費

月末仕掛品原価　$(67{,}200円 + 248{,}160円) \times \dfrac{120kg \times 0.3}{840kg + 120kg \times 0.3} = 12{,}960円$

完成品原価　67,200円＋248,160円－12,960円＝302,400円

■第2工程完成品原価

399,000円＋302,400円＝701,400円（単位原価：@835円）

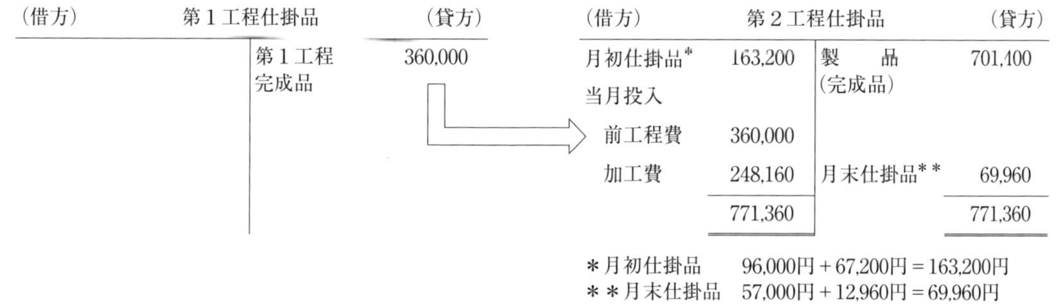

（借方）	第１工程仕掛品		（貸方）
		第１工程完成品	360,000

（借方）	第２工程仕掛品		（貸方）
月初仕掛品*	163,200	製　　品（完成品）	701,400
当月投入			
前工程費	360,000		
加工費	248,160	月末仕掛品**	69,960
	771,360		771,360

＊月初仕掛品　96,000円＋67,200円＝163,200円
＊＊月末仕掛品　57,000円＋12,960円＝69,960円

2　組別総合原価計算

自動車工場では，１つの工場で複数の種類の車が製造されています。このような場合は，**組別総合原価計算**により，車種ごとに製造原価が計算されます。ここで，組別総合原価計算の「組」とは，製品の種類を意味しており，１つの工場で複数の製品が製造されている場合に，製品の種類ごとに実施する総合原価計算になります。第10章で学習した単純総合原価計算では，１つの工場では１種類の製品しか製造していないことを想定していました。そのため，工場で発生する原価は，すべて１種類の製品に跡づけ可能な直接費であり，製造間接費は存在しませんでした。

一方，組別総合原価計算では，１つの工場で複数の製品を製造していますので，**図表11―２**に示すように，工場で発生する原価の中に，複数の製品に関係した製造間接費が含まれています。組別総合原価計算では，製造間接費を**組間接費**と表現し，各製品に配賦を行います。組間接費の配賦後は，個々の製品種類ごとに原価が集計されますので，第10章で学習した単純総合原価計算と同じ計算を行います。配賦後の組間接費は加工費に含めますので，加工進捗度を考慮する必要があります。

図表11―２　工場での製造原価の発生状況（複数製品の場合）

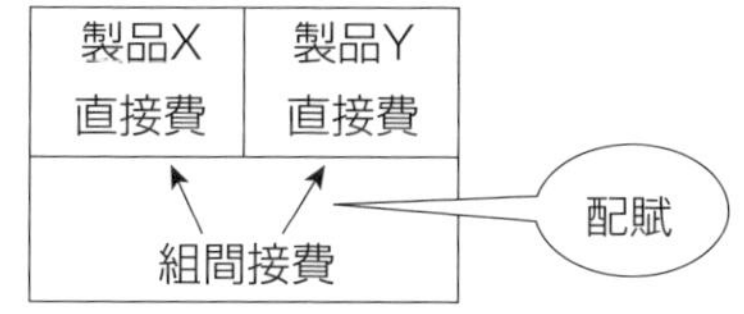

例題11－２　㈱武庫川スペースの兵庫工場では，BAとUHという２種類の製品を製造しています。以下のデータにより，平均法によって製品BAと製品UHの月末仕掛品原価を計算し，次に完成品原価総額と単位原価を計算してください。カッコ内の％は加工進捗度を示しています。直接材料費以外の原価はすべて組間接費とし，直接作業時間を配賦基準として配賦します。計

算上端数が出る場合は，小数点第２位を四捨五入してください。
月初仕掛品
製品 BA　120kg（20%）直接材料費 240,000円　組間接費配賦額　99,570円
製品 UH　180kg（30%）直接材料費 570,000円　組間接費配賦額 152,100円
当月投入
製品 BA　600kg　直接材料費　1,200,000円
製品 UH　720kg　直接材料費　2,220,000円
組間接費　1,900,800円
完成品　製品 BA　660kg　製品 UH　780kg
月末仕掛品　製品 BA　60kg（30%）　製品 UH　120kg（25%）
直接作業時間　製品 BA　240時間　製品 UH　336時間

●解答・解説

①　組間接費の配賦

配賦率：1,900,800円÷（240時間＋336時間）＝3,300円/時間
製品 BA への配賦額：3,300円×240時間＝792,000円
製品 UH への配賦額：3,300円×336時間＝1,108,800円

②　製品 BA の月末仕掛品原価

直接材料費：$(240{,}000円 + 1{,}200{,}000円) \times \frac{60kg}{660kg + 60kg} = 120{,}000円$

加工費：$(99{,}570円 + 792{,}000円) \times \frac{60kg \times 0.3}{660kg + 60kg \times 0.3} = 23{,}670円$

月末仕掛品原価合計：120,000円＋23,670円＝143,670円

③　製品 BA の完成品原価総額と単位原価

（240,000円＋1,200,000円＋99,570円＋792,000円）－143,670円＝2,187,900円
単位原価：2,187,900円÷660kg＝@3,315円

④　製品 UH の月末仕掛品原価

直接材料費：$(570{,}000円 + 2{,}220{,}000円) \times \frac{120kg}{780kg + 120kg} = 372{,}000円$

加工費：$(152{,}100円 + 1{,}108{,}800円) \times \frac{120kg \times 0.25}{780kg + 120kg \times 0.25} = 46{,}700円$

月末仕掛品原価合計：372,000円＋46,700円＝418,700円

⑤　製品 UH の完成品原価総額と単位原価

（570,000円＋2,220,000円＋152,100円＋1,108,800円）－418,700円＝3,632,200円
単位原価：3,632,200円÷780kg＝@4,656.7円

One Point：組間接費の範囲について

例題11-2では，大部分の組別総合原価計算の問題と同様に，工場で発生するすべての加工費を組間接費としています。しかし，加工費には，組間接費配賦額だけではなく，直接労務費と直接経費が含まれています。したがって，本来であれば組間接費の配分額のほかに直接労務費と直接経費を加算して加工費を別途計算すべきです。

また，組別総合原価計算の問題の多くは，工場で発生するすべての間接費を組間接費としています（以下の図の組間接費①）。しかし，特定のラインで複数の製品を

製造している場合，そのラインの機械の減価償却費は，ラインで製造している製品だけに配賦すべきです。以下の図では，組間接費②は製品Bと製品Cにだけ配賦すべきことになります。このことは，組別総合原価計算だけではなく，個別原価計算にも当てはまります。

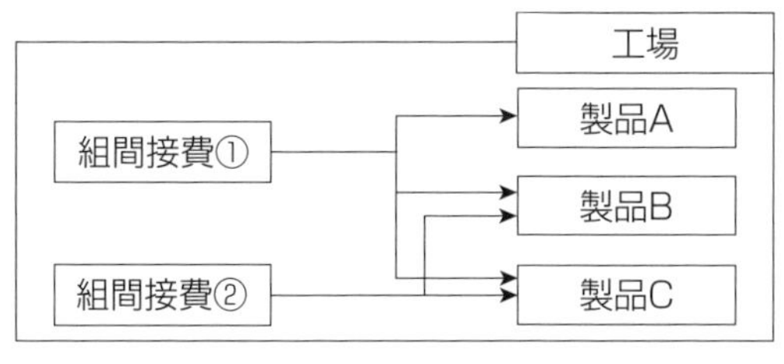

3　等級別総合原価計算

同種類であるものの，大きさや品質などで差がある製品を大量生産している場合は，大きさや品質を反映した**等価係数**を使用して，**等級別総合原価計算**を適用します。たとえば，大きさがMとLの2種類の服を作っており，Mサイズの服はLサイズの服の80%の生地しか使用していない場合，Lサイズの服に対するMサイズの服の等価係数は0.8になります。この場合，Mサイズの服の生産量に0.8を乗ずることで，Lサイズの服の大きさに換算したMサイズの服の生地の使用量を計算することができます。両方の服を100着ずつ作っているのであれば，100着×0.8＋100着＝180着分のLサイズの服を作る生地が使われたことになり，その量に応じて原価の配分計算を行います。

等級別総合原価計算には，2種類の計算方法があります。第1の方法では，完成品総原価と期末仕掛品原価の配分までは等級の区別は反映せずに計算し，等価係数を各製品の完成量に乗じて**積数**を計算し，積数の比で完成品総原価を各等級品に配分します。この方法では，期末仕掛品原価には，複数の製品の原価が混在していることになります。つまり，製品勘定のみ等級品ごとに設定し，仕掛品勘定は等級品を一括して設定しますので，期首仕掛品についても，等級品ごとの原価はわからないことになります。第1の方法では，完成品の総原価を計算するときに，あらかじめ等価係数を反映しておく方法も考えられますが，その場合には期末仕掛品についても等級品ごとの数量がわかっている必要があります。

第2の方法では，仕掛品勘定も等級品ごとに設定し，仕掛品勘定の借方への投入について，原価要素ごとに等級品に配分します。そのため，最初から等級品ごとに分離して，完成品原価を計算することができます。この方法は，組別総合原価計算と同じ発想に基づいていると考えられます。

例題11－3　㈱武庫川スペースでは，同じ製品でサイズだけ違うTDとTTという服を製造しており，製品TDを1とした場合の製品TTの等価係数は0.7です。11月の完成品製造量は，製品TDが100着，製品TTが200着であり，完成品の製造原価は両製品を合わせて33,600円でした。製品TDと製品TTの完成品単位原価を計算してください。

●解答・解説

例題11－3は，等級別総合原価計算の計算方法のうち，第1の方法に基づいた問題です。この方法では，以下の手順により製品別の単位原価を計算します。

① すべての等級品を合わせた完成品原価総額を計算します。
　この例題では，33,600円と計算されています。

② 等級品ごとの完成品数量に等価係数を乗じて積数を計算します。
　製品TD：100着×1＝100着，製品TT：200着×0.7＝140着
　積数合計：100着＋140着＝240着

③ 積数の比で完成品原価総額を製品TDと製品TTに配分し，それぞれの完成品数量で除することで単位原価を計算します。製品TTについては，積数の140着ではなく，完成品数量の200着で除して単位原価を計算することに注意してください。
　製品TD：33,600円÷240着×100着＝14,000円　14,000円÷100着＝@140円
　製品TT：33,600円÷240着×140着＝19,600円　19,600円÷200着＝@98円

例題11－4　㈱プラムではペット用の食品を製造し，普通サイズのP-ONE（A）のほかに，1.5倍の大容量のP-ONE（B）も販売しています。以下のデータにより，平均法によって第2の方法で製品P-ONE（A）と製品P-ONE（B）の完成品単位原価を計算してください。加工費の等価係数は直接材料費と同じです。計算上端数が出る場合は，小数点第2位を四捨五入してください。

月初仕掛品
P-ONE（A）　300袋（20%）　直接材料費1,373,700円　加工費198,460円
P-ONE（B）　150袋（30%）　直接材料費1,062,810円　加工費112,825円

当月投入
　P-ONE（A）　700袋　直接材料費　4,820円／袋
　P-ONE（B）　850袋　直接材料費　P-ONE（A）の1.5倍の直接材料費を使用している。
　加工費　2,120,000円

完成品　P-ONE（A）　800袋　P-ONE（B）　900袋
月末仕掛品　P-ONE（A）　200袋（30%）　P-ONE（B）　100袋（25%）

●解答・解説

等級別総合原価計算の計算方法のうち，第2の方法に基づいた問題です。この方法では，以下の手順により製品別の単位原価を計算しますが，計算プロセスを見ればわかるように，組別総合原価計算と同様に，投入側の原価を2つの製品に配分した後は，別々に総合原価

計算を実施します。

① 当月投入原価（直接材料費）の計算

P-ONE（A）　4,820円×700袋＝3,374,000円

P-ONE（B）　4,820円×850袋×1.5＝6,145,500円

② 当月投入の完成品換算量の計算

P-ONE（A）　800袋＋200袋×0.3－300袋×0.2＝800袋

P-ONE（B）　900袋＋100袋×0.25－150袋×0.3＝880袋

③ 当月投入原価（加工費）の計算

P-ONE（A）　2,120,000円×800袋÷（800袋＋880袋×1.5）＝800,000円

P-ONE（B）　2,120,000円×880袋×1.5÷（800袋＋880袋×1.5）＝1,320,000円

④ P-ONE（A）の完成品原価の計算

直接材料費：(1,373,700円＋3,374,000円）×800袋÷（800袋＋200袋）＝3,798,160円

加工費：(198,460円＋800,000円）×800袋÷（800袋＋200袋×0.3）＝928,800円

完成品原価：3,798,160円＋928,800円＝4,726,960円（@5,908.7円）

⑤ P-ONE（B）の完成品原価の計算

直接材料費：(1,062,810円＋6,145,500円）×900袋÷（900袋＋100袋）＝6,487,479円

加工費：(112,825円＋1,320,000円）×900袋÷（900袋＋100袋×0.25）＝1,394,100円

完成品原価：6,487,479円＋1,394,100円＝7,881,579円（@8,757.3円）

第11章の Key Word

1．工程，工程別総合原価計算，前工程費
2．組別総合原価計算，組間接費，加工費
3．等級別総合原価計算，等価係数，積数

Focus 11　内部振替価格と工程別総合原価計算

例題11-1では，第1工程の完成品原価36万円が，前工程費として第2工程に振り替えられています。工程別総合原価計算では，各工程をコストセンターとして考えて，製品原価の計算と，工程ごとの原価責任の明確化という2つの観点から，工程間で原価を振り替えています。

それに対して，組織管理の観点から各工程を独立した組織とみなし，プロフィットセンターとして各工程の収益性を測定することもできます。その場合は，各工程で利益を計算するために，前工程の完成品を後工程に販売すると考え，事業部制会計と同様に原価に利益を加算した金額を内部振替価格とします。このような組織をミニ・プロフィットセンターといい，工場の作業員が利益の獲得を意識して行動することで，コスト削減や品質向上を期待します。

なお，工程をコストセンターとして管理している場合でも，原価ベースであれば振替価格を使用することは可能です。その場合は，本章で学習したように実際原価を計算して振り替える場合もありますし，工程別原価計算を行わずに予定原価を振替価格とすることもできます。

Exercise

11―1　以下の文章の（　）内に適当な語句を入れてください。

製造プロセスを複数に分割して計算する（　①　）別総合原価計算では，第1

（　①　）の完成品原価を（　②　）として第2（　①　）の計算を行います。（　②　）は直接材料費と同様に扱い，（　③　）は100%として計算します。

1つの工場で複数の製品を大量生産している場合は，（　④　）別総合原価計算が適用されます。（　④　）別総合原価計算では，（　⑤　）を各製品に配賦する必要があります。大きさなどが異なる同種の製品を大量生産する場合には，（　⑥　）別総合原価計算が適用され，製造原価の配分には（　⑦　）に基づいて計算した（　⑧　）が用いられます。

①		②		③	
④		⑤		⑥	
⑦		⑧			

11—2　㈱NTインペリでは，THとCRという2つの製品を製造しています。以下のデータに基づいて，平均法によって製品THと製品CRの完成品の製造原価を計算してください。（　）内の%は加工進捗度を示しています。組間接費は，各製品の直接作業時間を基準として配賦します。計算上端数が生じる場合は，小数点第1位を四捨五入します。

月初仕掛品
　製品TH　430kg（40%）　直接材料費　650,000円　加工費　615,410円
　製品CR　210kg（70%）　直接材料費　386,000円　加工費　331,760円
当月投入（以下の加工費に組間接費は含まれていません）
　製品TH　1,370kg　直接材料費　2,050,000円　加工費　5,142,862円
　製品CR　680kg　直接材料費　1,229,350円　加工費　2,273,196円
　組間接費　1,394,820円
　直接作業時間　製品TH　240時間　製品CR　138時間
完成品　製品TH　1,440kg　製品CR　720kg
月末仕掛品　製品TH　（　?　）kg（60%）　製品CR　（　?　）kg（40%）

組間接費配賦額	製品TH	円	製品CR	円
	直接材料費	加工費	合計	単位原価
製品TH	円	円	円	円
製品CR	円	円	円	円

11—3　㈱NTインペリが製造する製品THは，**11—2**の工程の後に第2工程として追加的に加工を行います。以下の第2工程に関するデータに基づいて，先入先出法によって完成品と月末仕掛品の製造原価を計算してください。計算上端数が生じる場合は，小数点第1位を四捨五入します。

月初仕掛品　　360kg（60%）前工程費　2,400,000円　加工費　960,000円
当月投入（　?　）kg　　前工程費（　?　）円　加工費　5,409,480円
完成品　　1,600kg　　月末仕掛品（　?　）kg（40%）

	前工程費	加工費	合計	単位原価
期末仕掛品	円	円	円	—
完成品	円	円	円	円

11—4　㈱武庫川スペースの東京工場では，BH と SH という２種類の等級製品を製造しています。以下の２つの方法によって，製品 BH と製品 SH の完成品への直接材料費の配分額を計算してください。計算上端数が出る場合には，小数点第２位を四捨五入してください。

①　完成品の総合原価を計算した後に，等価係数を反映させて等級品に配分する（平均法）

②　仕掛品勘定の借方への投入を等級品に配分する（先入先出法）

月初仕掛品（合計：300kg　直接材料費：1,253,000円）
　製品 BH　200kg　直接材料費895,000円
　製品 SH　100kg　直接材料費358,000円
当月投入（合計：700kg　直接材料費：2,994,600円）
　製品 BH　420kg
　製品 SH　280kg
完　成　品（合計：800kg）　製品 BH　500kg　　製品 SH　300kg
月末仕掛品（合計：200kg）　製品 BH　120kg　　製品 SH　80kg
等価係数　製品 BH：製品 SH ＝ 1 ：0.8

	製品 BH	製品 SH
(1)	円	円
(2)	円	円

11—5　レポート用課題：バジェタリースラック⑾

目白：等級品の原価計算は，演劇にも使えそうね。
S先生：どういうことですか。
目白：劇場の座席は全部同じ価格じゃないわよ。バジェタリースラックでは，S席8,000円，A席5,000円，B席3,000円で販売してるわ。
S先生：そうですね。でも，劇場の座席については，説明した等級品と違うところがありますよ。

【問題】①　等級品と劇場の座席の違いを説明してください。また，座席の価格差

が生じる理由を説明してください。

② ホテルの客室と，航空機の座席について，等級品と同じ点と異なる点を説明してください。

③ 劇場の座席の座席ごとの原価計算はどのようにしたらいいか考えてください。

《解答と解説》

11—1

①	工程	②	前工程費	③	加工進捗度
④	組	⑤	組間接費	⑥	等級
⑦	等価係数	⑧	積数		

11—2

組間接費配賦額	製品 TH	885,600円	製品 CR	509,220円
	直接材料費	加工費	合計	単位原価
製品 TH	2,160,000円	5,777,280円	7,937,280円	5,512円
製品 CR	1,306,800円	2,845,440円	4,152,240円	5,767円

製品TH
（借）　仕　掛　品　（貸）

月初仕掛品	430	完成品	1,440
当月投入	1,370	月末仕掛品	360
	1,800		1,800

製品TH
（借）　仕掛品（換算量ベース）　（貸）

月初仕掛品	172	完成品	1,440
当月投入	1,484	月末仕掛品	216
	1,656		1,656

製品CR
（借）　仕　掛　品　（貸）

月初仕掛品	210	完成品	720
当月投入	680	月末仕掛品	170
	890		890

製品CR
（借）　仕掛品（換算量ベース）　（貸）

月初仕掛品	147	完成品	720
当月投入	641	月末仕掛品	68
	788		788

組間接費の配賦率　1,394,820円÷（240時間＋138時間）＝3,690円／時間

組間接費の配賦額　製品 TH　3,690円×240時間＝885,600円

製品 CR　3,690円×138時間＝509,220円

製品 TH の完成品原価

直接材料費：(650,000円＋2,050,000円）$\times\frac{1{,}440\text{kg}}{1{,}800\text{kg}}$＝2,160,000円

加工費：(615,410円＋5,142,862円＋885,600円）$\times\frac{1{,}440\text{kg}}{1{,}656\text{kg}}$＝5,777,280円

完成品原価：2,160,000円＋5,777,280円＝7,937,280円（@5,512円）

製品 CR の完成品原価

直接材料費：(386,000円＋1,229,350円）$\times\frac{720\text{kg}}{890\text{kg}}$＝1,306,800円

加工費：(331,760円＋2,273,196円＋509,220円）$\times\frac{720\text{kg}}{788\text{kg}}$＝2,845,440円

完成品原価：1,306,800円＋2,845,440円＝4,152,240円（@5,767円）

11―3

	前工程費	加工費	合計	単位原価
期末仕掛品	1,102,400円	295,600円	1,398,000円	―
完成品	9,234,880円	6,073,880円	15,308,760円	9,568円

（借）　仕　掛　品　（貸）

月初仕掛品	360	完成品	1,600
当月投入	1,440	月末仕掛品	200
	1,800		1,800

（借）　仕掛品（換算量ベース）　（貸）

月初仕掛品	216	完成品	1,600
当月投入	1,464	月末仕掛品	80
	1,680		1,680

月末仕掛品製造原価

前工程費：7,937,280円 $\times \frac{200\text{kg}}{1{,}440\text{kg}}$ ＝1,102,400円

加工費：5,409,480円 $\times \frac{80\text{kg}}{1{,}464\text{kg}}$ ＝295,600円

完成品製造原価

前工程費：（2,400,000円＋7,937,280円）－1,102,400円＝9,234,880円

加工費：（960,000円＋5,409,480円）－295,600円＝6,073,880円

完成品総製造原価：9,234,880円＋6,073,880円＝15,308,760円（@9,568円）

11―4

	製品 BH	製品 SH
(1)	2,296,000円	1,102,080円
(2)	2,290,000円	1,102,000円

(1)　直接材料費合計額：1,253,000円＋2,994,600円＝4,247,600円

問題文により，まず完成品の総合原価を等価係数を反映させずに計算し，総合原価を等級品に配分するときに等価係数を用います。

完成品の直接材料費：4,247,600円×800kg ÷（800kg ＋200kg）＝3,398,080円

製品 BH：3,398,080円×500kg ÷（500kg ＋300kg ×0.8）＝2,296,000円

製品 SH：3,398,080円×300kg ×0.8÷（500kg ＋300kg ×0.8）＝1,102,080円

(2)　当月に投入した直接材料費の配分

製品 BH：2,994,600円×420kg ÷（420kg ＋280kg ×0.8）＝1,953,000円

製品 SH：2,994,600円×280kg ×0.8÷（420kg ＋280kg ×0.8）＝1,041,600円

製品 BH の直接材料費

月末仕掛品：1,953,000円×120kg ÷420kg ＝558,000円

完成品：895,000円＋1,953,000円－558,000円＝2,290,000円

製品 SH の直接材料費

月末仕掛品：1,041,600円×80kg ÷280kg ＝297,600円

完成品：358,000円＋1,041,600円－297,600円＝1,102,000円

第12章

連産品，副産物，作業屑，仕損品，減損の計算

1　連産品の原価計算

大量生産を行う製造プロセスで，別の製品も不可避的に製造される場合があります。代表例は石油製品で，原油を原材料として，最終的にガソリン，軽油，重油などの石油製品が製造されています。このような製品を**連産品**といい，以下の2つの特徴を持っています。

①　同一の工程で同一の原料から不可避的に製造される種類の異なる製品である。

②　同時に製造される製品について主副の区別をつけにくい。

たとえば，ガソリンと軽油は，両者が違う製品として分離する工程までは同一の製品として製造が進められており，そこまでに発生した原価をガソリンと軽油に配分する合理的な根拠がありません。このような性質を持っているため，今までに説明した原価計算のように，連産品の原価を製品ごとに積み上げて計算することはせず，その代わりに，連産品の正常市価等を基準として定めた**等価係数**に基づいて，すべての製品を製造するために発生した原価である**連結原価**を按分するという計算を行います。

例題12-1　㈱武庫川スペースの兵庫工場では，製品名がSS，S，A，Bという4種類の製品を連産品として製造しています。以下の完成品のデータをもとに，各製品の分離後の製造原価と単位原価を計算してください。月初仕掛品と月末仕掛品は0kgです。

製品SS：2,000kg（正常市価：12,500円/kg）

製品S　：1,500kg（正常市価：8,800円/kg）

製品A　：1,000kg（正常市価：5,500円/kg）

製品B　：　500kg（正常市価：3,500円/kg）

連結原価：直接材料費　350,000円，加工費　377,200円

解答・解説

等価係数　12,500：8,800：5,500：3,500＝1：0.704：0.44：0.28

2,000kg × 1 ＋1,500kg ×0.704＋1,000kg ×0.44＋500kg ×0.28＝3,636kg
（350,000円＋377,200円） ÷3,636kg ＝200円
製品SS：2,000kg ×200円＝400,000円（単位原価：200円）
製品S ：1,500kg ×0.704×200円＝211,200円
（単位原価：211,200円÷1,500kg ＝140.8円）
製品A ：1,000kg ×0.44×200円＝88,000円（単位原価：88円）
製品B ：500kg ×0.28×200円＝28,000円（単位原価：56円）

2　副産物と作業屑の原価計算

①　副産物の原価計算

同一の工程において同一の原料から不可避的に複数種類の製品が製造される場合，製品種類で価値に明確な差をつけられない製品を連産品といいました。一方，製品の価値に明確な差がある場合には，価値が低い方の製品を**副産物**といいます。副産物の製造原価も，連産品と同様に積み上げて計算することはできませんが，主産物である連産品とは分離して計算し，主産物の総合原価から控除します。原価計算基準28では，以下の５つの場合に分けて，副産物の価額（評価額）の計算式を示しています。

①　そのまま外部に売却できる副産物
　見積売却価額－（販売費及び一般管理費＋通常の利益の見積額）
②　加工して売却できる副産物
　見積売却価額－（加工費＋販売費及び一般管理費＋通常の利益の見積額）
③　自家消費される副産物
　節約される物品の見積購入価額
④　加工して自家消費される副産物
　節約される物品の見積購入価額－加工費の見積額
⑤　軽微な副産物
　売却の収益を原価計算に反映させず，損益計算書に収益として計上する。

例題12-2　以下のデータをもとに，①そのまま外部に売却できる場合，②加工して売却できる場合，③自家消費される場合，④加工して自家消費される場合のそれぞれについて，副産物の価額（評価額）を計算してください。
見積販売価額　2,000円，加工費の見積額　500円（②と④だけで発生する）
販売費　300円，節約される物品の見積購入価額　1,900円，見積利益　200円

●解答・解説
①　そのまま外部に売却できる場合：2,000円－（300円＋200円）＝1,500円

② 加工して売却できる場合：2,000円－（500円＋300円＋200円）＝1,000円
③ 自家消費される場合：1,900円
④ 加工して自家消費される場合：1,900円－500円＝1,400円

これらの金額は，主産物の総合原価から控除することに注意してください。たとえば，主産物の総合原価が10,000円の場合，①のケースでは主産物の原価は8,500円（10,000円－1,500円）になります。なお，軽微な副産物の売却収入は雑収入などの科目で営業外収益に計上することになります。

② 作業屑の原価計算

製造プロセスに投入されたものの，完成品を形成せずに金属片や粉末などとして残っている材料のかけらを作業屑といいます。作業屑が売却や再利用ができるなど，経済的価値を持つ場合は，副産物に準じた処理をします（原価計算基準28㈣）。副産物よりはるかに処分価値が小さいのと，場合によっては原料として再利用ができることが，作業屑と副産物の違いです。

3 仕損品と減損の原価計算

① 仕損品の原価計算

第８章では個別原価計算における仕損品の処理について学習しましたが，総合原価計算を適用する大量生産品でも**仕損品**（不良品）は発生します。総合原価計算では，仕損の発生点と期末仕掛品の加工進捗度の前後関係によって，**仕損費**の配分方法が決まります。**図表12―１**の左側の図では，月末仕掛品の加工進捗度は，仕損の発生点の後ですので，完成品と月末仕掛品の両者で仕損費を負担します。一方，右側の図では，月末仕掛品の加工進捗度は，仕損の発生点の前ですので，月末仕掛品は仕損とは関係がありません。したがって，完成品だけが仕損費を負担します。たとえば，月末仕掛品の加工進捗度が50％で，仕損が加工進捗度70％の時点で発生するのであれば，月末仕掛品では仕損が発生する工程の作業は終わっていないので，仕損費を負担させる必要はありません。

図表12―１　仕損費の負担関係

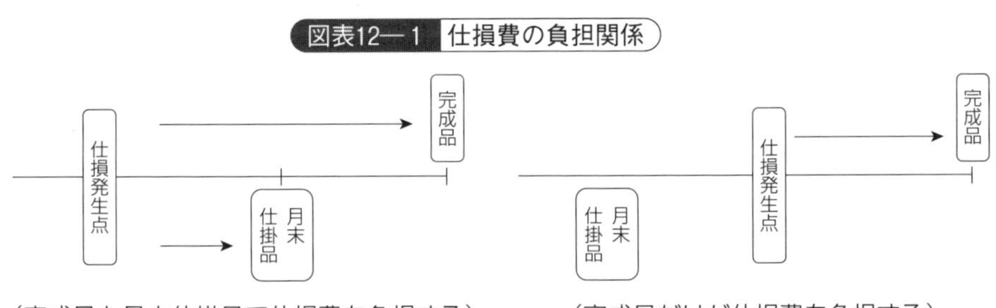

総合原価計算における仕損の処理の仕方には，度外視法と非度外視法の２つの方法があります。度外視法と非度外視法の違いは，仕損品の原価（仕損費）を分離して計算するかどうかにあります。**度外視法**は，仕損費を分離して計算せず，完成品と月末仕掛品の製造原価に自動的に含まれるように計算します。原価計算基準27では，「原則として，特別に仕損費の費目を設けることをしない」として，度外視法を原則としています。**非度外視法**では，一度仕損費を計算してから，完成品と月末仕掛品に配分します。異常な状態に基づく仕損については，完成品と月末仕掛品に配分せず，全額を特別損失としますので，その場合は非度外視法が適用されることになります。

度外視法ではアウトプットとして仕損品を考えず，投入された原価を完成品と月末仕掛品に配分します。このため，加工費については，加工進捗度を考慮した配分が行われ，もし仕損が工程全体にわたって発生するのであれば，直接材料費についても加工進捗度を考慮します。一方，非度外視法では，仕損品の原価を集計しますので，加工費の計算では加工進捗度を考慮しますが，仕損が一定点で発生する場合，集計後の配分では月末仕掛品の加工進捗度は考慮しません。なお，仕損品に評価額がある場合は，副産物に準じて処理をします（原価計算基準28㈣）。

例題12－３ ㈱武庫川スペースの東京工場は製品BBだけを製造しています。以下の条件によって，製品BBの完成品の単位原価と，月末仕掛品の総原価を，①度外視法と②非度外視法によって計算してください。月末仕掛品原価は平均法で計算しており，（　）内の数値は，仕掛品については加工進捗度を，正常仕損品については仕損の発生点を示しています。仕損品に売却価値はありません。計算上の端数は小数点第１位を四捨五入してください。

月初仕掛品	175個	（20%）	直接材料費　314,000円，加工費　189,300円
当月投入	745個		直接材料費 3,513,000円，加工費 2,800,000円
計	920個		
正常仕損品	30個	（30%）	
月末仕掛品	110個	（50%）	
完成品	780個		

解答・解説

正常仕損品の発生点（30%）は，月末仕掛品の加工進捗度（50%）よりも小さいので，仕損費は月末仕掛品と完成品の両者で負担します。度外視法による計算では，正常仕損費については算出せず，月末仕掛品と完成品に直接材料費については製造量で，加工費については完成品換算量の比率で按分します。

① **度外視法**

【直接材料費】

月末仕掛品：$(314{,}000\text{円}+3{,}513{,}000\text{円})\times\dfrac{110\text{個}}{110\text{個}+780\text{個}}=473{,}000\text{円}$

完成品：(314,000円＋3,513,000円）－473,000円＝3,354,000円

【加工費】

月末仕掛品：(189,300円＋2,800,000円）$\times\dfrac{110個\times0.5}{110個\times0.5+780個}$＝196,900円

完成品：(189,300円＋2,800,000円）－196,900円＝2,792,400円

【完成品総原価】3,354,000円＋2,792,400円＝6,146,400円

【完成品単位原価】6,146,400円÷780個＝7,880円

【月末仕掛品総原価】473,000円＋196,900円＝669,900円

②　**非度外視法**

【直接材料費】

正常仕損品：(314,000円＋3,513,000円）$\times\dfrac{30個}{110個+780個+30個}$＝124,793円

月末仕掛品：(314,000円＋3,513,000円）$\times\dfrac{110個}{110個+780個+30個}$＝457,576円

完成品：(314,000円＋3,513,000円）－（124,793円＋457,576円）＝3,244,631円

【加工費】

正常仕損品：(189,300円＋2,800,000円）$\times\dfrac{30個\times0.3}{110個\times0.5+780個+30個\times0.3}$＝31,876円

月末仕掛品：(189,300円＋2,800,000円）$\times\dfrac{110個\times0.5}{110個\times0.5+780個+30個\times0.3}$＝194,800円

完成品：(189,300円＋2,800,000円）－（31,876円＋194,800円）＝2,762,624円

【正常仕損費の配分】

月末仕掛品：(124,793円＋31,876円）$\times\dfrac{110個}{110個+780個}$＝19,364円

完成品：(124,793円＋31,876円）$\times\dfrac{780個}{110個+780個}$＝137,305円

【完成品総原価】3,244,631円＋2,762,624円＋137,305円＝6,144,560円

【完成品単位原価】6,144,560円÷780個＝7,878円

【月末仕掛品総原価】457,576円＋194,800円＋19,364円＝671,740円

One Point：総合原価計算における仕損費の計算について

総合原価計算では，仕損の発生点における加工進捗度により，期末仕掛品に仕損費を負担させるかどうかを決めるのが理論的です。ところで，工程の同じ場所で仕損が発生するのは，製造機械に不具合のある場合や，ミスに気づかずに作業を続けた場合などに限定されます。しかし，通常は工程の最後で検査を行いますので，同じ作業での不具合が続けばすぐに気がつくはずです。そのため，同じ工程で仕損が大量に発生するのはレアケースであるといえます。仕損が複数の工程で発生することを想定すると，実務的な観点からは，仕損の原因である機械や作業の不具合が解消されればよしとして，仕損の発生点にかかわらず仕損費を完成品と期末仕掛品に配分するほかに，仕損費を完成品にすべて負担させるという割り切った考え方もありうると思います。

②　減損の計算

製品を製造している途中で，材料が蒸発，粉散，ガス化，煙化などによって，投入した量よりもアウトプットが減る現象を**減損**といいます。減損の処理は仕損に準じて行われますが（原価計算基準27），減損は投入した材料がなくなることを意味し

ていますので，売却価値がないこと，手直しのコストが発生しないことが仕損品とは異なります。減損の発生点が特定できず，工程を通じて平均的に発生すると考えるケースでは，月末仕掛品は加工進捗度を加味して完成品換算量とし，完成品と月末仕掛品に直接材料費を配分する計算を行います。

第12章の Key Word

1．連産品，連結原価，等価係数
2．副産物，見積売却価額，作業屑
3．仕損品，仕損費，度外視法，非度外視法，減損

Focus 12　演劇の仕損とファン心理

製造業の仕損についてはイメージしやすいと思います。それでは，サービス業では，どのような仕損が考えられるでしょうか。ここでは，演劇を対象として考えてみましょう。仕損を失敗と考えると，セリフを覚えていないことや，舞台装置の故障などを演劇の仕損として考えることができますが，観客の満足度は低くなるものの，その回の公演を終えれば演劇としては成立してしまいます。このように，演劇の仕損は製品の仕損とは異なり，手直しができない代わりに，そのための原価は発生しません。ただし，トラブルで止まっている時間が長く，公演の終了時間が遅延した場合には，会場に払う電気代や延長料金などが原価として発生する場合もあります。装置の故障が直らずに公演が中止になった場合には払い戻しが生じますが，これは原価ではなく，売上の取消しか特別損失に該当すると考えられます。なお，レストランの仕損では，料理の作り直しという原価が発生しますので，仕損費が発生するかどうかは，どのサービス業に属するかによって異なります。

個人的な経験ですが，宝塚歌劇の観劇中に舞台が止まった経験が４回あります。２回は舞台装置の不具合，１回は新人公演の主演のマイクの不具合で，この３回は設備担当の方にもう少し頑張ってほしいと思いました。舞台装置の不具合については，装置が直った後にそのシーンから始まり，マイクの不具合は最初からやり直しになっています。ところで，最後の１回は，セリフが飛んだ主演（男役トップスター）が舞台を止めて，男役の２番手スターとのシーンをやり直しました。これをプロ意識の観点から批判することもできますが，私自身は「いいものを見た」と思い，２人の信頼関係に基づいたフレキシブルな対応に好感を持ちました。製品であれば，不良品を買って良く思う人はいないと思いますが，人によって良くも悪くも取る可能性があるのが，演劇を含むエンタメ系のファン心理の不思議なところです。ちなみに，別の例外として貨幣と切手については，印刷ミスなどの不良品の方が著しく価値が高くなるという特性があります。

Exercise

12―1　以下の文章の（　）内に適当な語句を入れてください。

同じ材料から製造の過程で不可避的に生じる製品のうち，主副の区別がつかない製品を（　①　）といい，副次的な製品を（　②　）といいます。（　①　）については，（　③　）等を基準として定めた（　④　）に基づいて，（　⑤　）を各連産品に按分します。副産物がそのまま外部に売却できる場合，見積売却価額から販売費及び一般管理費と通常の（　⑥　）の見積額を控除して評価額を計算します。
仕損費については，仕損費を計算しない（　⑦　）と，仕損費を一度計算した後で完成品と（　⑧　）に配分する（　⑨　）の２種類の計算方法があります。

①		②		③	
④		⑤		⑥	
⑦		⑧		⑨	

12—2　㈱プラムでは，製品名がＬ，Ｍ，Ｓという３種類の製品を連産品として製造しています。それぞれの正常市価はＬが12,000円，Ｍが8,400円，Ｓが5,400円です。以下のデータをもとに，先入先出法によって連結原価を計算し，さらに各製品の分離後の製造原価を計算してください。

月初仕掛品：120kg（加工進捗度40％）　直接材料費14,276円，加工費35,000円
当月投入　：600kg　直接材料費72,600円，加工費135,024円
完成品　　：540kg（製品Ｌ：230kg，製品Ｍ：170kg，製品Ｓ：140kg）
月末仕掛品：180kg（加工進捗度50％）

	総原価	単位原価
連結原価	円	—
製品Ｌ	円	円
製品Ｍ	円	円
製品Ｓ	円	円

12—3　㈱ライムでは，単純総合原価計算で製品原価の計算を行っています。仕損費について，①度外視法と②非度外視法のそれぞれで，平均法により完成品原価総額を計算してください。材料は工程の始点で投入しています。（　）内の数値は，仕掛品については加工進捗度を，正常仕損品については発生点を示しています。計算上端数が生じた場合は，小数点第１位を四捨五入してください。

月初仕掛品	14,000個（20％）	直接材料費　15,456円	加工費　8,400円
当月投入	75,600個	直接材料費　168,000円	加工費　302,400円
計	89,600個		
正常仕損品	2,240個（30％）		
月末仕掛品	8,960個（50％）		
完成品	78,400個		

	直接材料費	加工費	正常仕損費 負担額	完成品総原価
度外視法	円	円	—	円
非度外視法	円	円	円	円

12—4 ①仕損費の処理方法について非度外視法の長所と短所を説明してください。
②仕損費の計算と品質原価計算の関係について説明してください。

12—5 レポート用課題：バジェタリースラック⑿

Professor S

目白：この間の公演のブルーレイができたのでどうぞ。

S先生：この公演，面白かったですね。もらっていいんですか？

目白：S先生にはいつもお世話になっているからね。

S先生：ありがとうございます。劇場だと俯瞰して見てるから，画面でアップで見るとまた印象が違いますよね。

目白：公演とブルーレイは連産品と考えていいのかしら。

S先生：面白いことを考えますね。そういう観点からの考察があるかどうかは私は知りませんが，そう考えることも，そう考えないこともできそうですね。

【問題】① 連産品と考えた場合，公演とブルーレイの原価計算をどのようにすればいいか考えてください。

② 連産品と考えずに，公演とブルーレイの原価計算を切り離して考えた場合，どのようにブルーレイの原価計算を行えばいいか考えてください。

《解答と解説》

12—1

①	連産品	②	副産物	③	正常市価
④	等価係数	⑤	連結原価	⑥	利益
⑦	度外視法	⑧	期末仕掛品	⑨	非度外視法

⑤　原価計算基準29では総合原価と表現しています。

12—2

	総原価	単位原価
連結原価	214,240円	—
製品L	119,600円	520円
製品M	61,880円	364円
製品S	32,760円	234円

月末仕掛品の連結原価の計算

直接材料費：$72{,}600円 \times \frac{180kg}{600kg} = 21{,}780円$

加工費：$135{,}024円 \times \frac{180kg \times 0.5}{540kg + 180kg \times 0.5 - 120kg \times 0.4} = 20{,}880円$

月末仕掛品原価総額：21,780円＋20,880円＝42,660円

完成品連結原価：14,276円＋35,000円＋72,600円＋135,024円－42,660円＝214,240円

等価係数　L：M：S＝12,000円：8,400円：5,400円＝1：0.7：0.45

L：230kg

M：170kg ×0.7＝119kg

S：140kg ×0.45＝63kg

214,240円÷（230kg＋119kg＋63kg）＝520円

製品L：520円×230kg＝119,600円　単位原価：119,600÷230kg＝520円

製品M：520円×119kg＝61,880円　単位原価：61,880円÷170kg＝364円

製品S：520円×63kg＝32,760円　単位原価：32,760円÷140kg＝234円

12―3

正常仕損品の発生点（30%）は，月末仕掛品の進捗度（50%）よりも小さいので，仕損費は月末仕掛品と完成品の両者で負担します。

	直接材料費	加工費	正常仕損費負担額	完成品総原価
度外視法	164,640円	294,000円	―	458,640円
非度外視法	160,524円	291,635円	6,359円	458,518円

①　度外視法

直接材料費：$(15{,}456円 + 168{,}000円) \times \frac{78{,}400個}{78{,}400個 + 8{,}960個} = 164{,}640円$

加工費：$(8{,}400円 + 302{,}400円) \times \frac{78{,}400個}{78{,}400個 + 8{,}960個 \times 0.5} = 294{,}000円$

完成品総原価：164,640円＋294,000円＝458,640円

②　非度外視法

直接材料費

完成品：$(15{,}456円 + 168{,}000円) \times \frac{78{,}400個}{78{,}400個 + 2{,}240個 + 8{,}960個} = 160{,}524円$

正常仕損品：$(15{,}456円 + 168{,}000円) \times \frac{2{,}240個}{78{,}400個 + 2{,}240個 + 8{,}960個} = 4{,}586円$

月末仕掛品：$(15{,}456円 + 168{,}000円) \times \frac{8{,}960個}{78{,}400個 + 2{,}240個 + 8{,}960個} = 18{,}346円$

加工費

完成品：$(8{,}400円 + 302{,}400円) \times \frac{78{,}400個}{78{,}400個 + 2{,}240個 \times 0.3 + 8{,}960個 \times 0.5} = 291{,}635円$

正常仕損品：$(8{,}400円 + 302{,}400円) \times \frac{2{,}240個 \times 0.3}{78{,}400個 + 2{,}240個 \times 0.3 + 8{,}960個 \times 0.5} = 2{,}500円$

期末仕掛品：$(8{,}400円 + 302{,}400円) \times \frac{8{,}960個 \times 0.5}{78{,}400個 + 2{,}240個 \times 0.3 + 8{,}960個 \times 0.5} = 16{,}665円$

正常仕損費の配分

$$\text{完成品：}(4{,}586\text{円}+2{,}500\text{円})\times\frac{78{,}400\text{個}}{78{,}400\text{個}+8{,}960\text{個}}=6{,}359\text{円}$$

完成品総原価：160,524円＋291,635円＋6,359円＝458,518円

12―4

① 度外視法では仕損費を計算せずに完成品と期末仕掛品に配分しますが，非度外視法では仕損費を一度計算してから配分します。仕損費を明確にすることで，現場の作業員や責任者に具体的に注意喚起をできるため，管理会計的な視点からは，非度外視法の方が度外視法よりも優れています。

その一方で，Exercise12―３の解答のように，非度外視法には計算の手間がかかるという欠点があり，仕損の発生点が複数に分かれている場合は，この欠点は顕著になります。注意喚起をするだけであれば，仕損費を明らかにせずに，仕損の量だけで十分であるという考えもあり得ます。

② 品質原価計算では内部失敗原価が仕損費に該当します。製造工程の中で仕損が発見された場合，内部失敗原価として認識するためには，非度外視法による計算が前提となります。一方，製造終了後に社内で仕損が発見された場合には，原価計算上は仕損を認識していませんので，完成品の単位原価が仕損費になります。

（品質原価計算については，『プラクティカル管理会計』の第10章を参照してください）

第13章 標準原価計算

1　標準原価計算とは

①　原価標準と標準原価

ここまでは，実際に発生した原価に基づく実際原価計算を説明してきましたが，第13章では，価格と消費量を予定値で計算する標準原価計算について説明します。**標準原価**はあるべき原価としての達成目標を意味しています。**標準原価計算**では，統計的な手法などを用いて，まず製品１個当たりの製造原価の予定値である**原価標準**を決定します。原価標準に完成品の製造量を乗ずるだけで完成品原価が計算できるので，計算が非常に簡単になるのが標準原価計算の長所です。原価標準は直接材料費，直接労務費，製造間接費に分けて設定しますので，加工進捗度を考慮して期末仕掛品原価を計算することも可能です。このように，標準原価計算を適用することで原価情報を迅速に提供することが可能になり，財務諸表の作成までの期間が短縮されます。なお，原価標準を集計するためのデータをまとめた表を**標準原価カード**といいます。

標準原価＝原価標準×実際製造量

原価標準＝直接材料費標準＋直接労務費標準＋製造間接費標準

直接材料費標準＝標準価格×製品１単位当たり標準消費量

直接労務費標準＝標準賃率×製品１単位当たり標準直接作業時間

製造間接費標準＝標準配賦率×製品１単位当たり標準直接作業時間

（第13章では，直接作業時間を製造間接費の配賦基準として説明します。）

例題13-1　製品BS-W１の原価標準（製品１個当たりの標準原価）は，直接材料費標準が120円，直接労務費標準が210円，製造間接費標準が340円です。直接材料費は，製造開始時点ですべて投入します。

⑴　完成品300個の標準原価を計算してください。

⑵　加工進捗度40％の期末仕掛品50個の標準原価を計算してください。

解答・解説

⑴ （120円＋210円＋340円）×300個＝201,000円

⑵ 直接労務費と製造間接費については，加工進捗度を考慮した完成品換算量（50個×0.4＝20個）により計算します。

120円×50個＋（210円＋340円）×50個×0.4＝17,000円

② 標準原価の設定方法

標準原価は，予定価格または正常価格に標準消費量を乗じて計算しますので（原価計算基準4㈠2），予定値ではあるものの，予定価格に予定消費量を乗じて計算する予定原価に比べ，消費量に関する予測の精度を高めています。原価計算基準では，科学的，統計的調査に基づいて能率の尺度となるように消費量を予定することを求めており，標準原価の設定時には動作研究や時間研究が実施されます。

動作研究では，製造活動を行うのに最も効率的な作業プロセスを決定します。動作研究では，作業の手順を整理して無駄な作業，たとえば部品を2回取りに行くことなどがないように作業の手順を定めますが，作業方法や工場のレイアウトの変更を含んで行うこともできます。自動車のボディの下部に部品を取り付ける作業は，従業員がボディの下で仰向けになるのではなく，ボディを斜めに傾けて裏側を斜面とすれば，従業員は立ったままで作業ができます。工場のレイアウトも，動線が多く複雑なレイアウトから，直線の移動ですむレイアウトに変えることで，作業時間を短縮するだけではなく，工場のスペースを有効活用することも可能になります。

時間研究では，効率化された作業がどれくらいの時間でできるか，ストップウォッチで実際に測定を行います。作業経験が増すことで作業時間は短縮されますので，製造開始前の測定値ではなく，ある程度の効率化を見込んで標準作業時間を設定すべきですが，想定する効率化の程度によって標準原価は4種類に分類されます。

原価計算基準4㈠2では，現実的標準原価，正常原価，予定原価，理想標準原価の4種類の標準原価を示しています。このうち，動作研究と時間研究に基づく標準原価は，現実的標準原価だけになります。動作研究や時間研究を実施する人的および経済的余裕がない企業もあることから，それらを行わずに簡易的に決定する正常原価と予定原価の利用も許容されると考えられます。逆に，厳格度が高すぎる理想標準原価は，原価計算基準で紹介はされていますが，「制度としての標準原価ではない」と記述されており，財務諸表を作成するためには使用できません。

2 標準原価計算の分類

① 現実的標準原価

現実的標準原価は，やむを得ない手待ちや仕損等の余裕を含むものの，良好な作

業効率で作業を行った場合の原価です。また，前提となる予定操業度と予定価格は短期的なものであり，これらの変化を反映することを前提としています。現実的標準原価は，従業員が努力することで達成できる可能性が高いため，現場の作業員を動機づけるには適しており，最も優れた標準原価であるとされています。

②　正常原価

過去３年ほどの平均原価をベースとして，将来の変化についての予測を反映させた原価を**正常原価**といいます。正常原価はそれほど厳密に将来を予測した原価ではありませんが，経済的な環境変化が少ない場合には，標準原価として利用可能です。

③　予定原価

予定価格に予定消費量を乗じて計算した原価を**予定原価**といいます。実際原価で予定価格を用いる場合は，消費量は実際消費量であるのに対して，予定原価では消費量も予定値を使用する点が異なっています。正常原価は過去の平均値といった，標準としての根拠がありますが，予定原価は単なる予想値であり，原価計算基準でも実務的に利用されている状況を追認しているにすぎません。

④　理想標準原価

原価計算基準では，**理想標準原価**の特徴を，技術的に達成可能な最大操業度，最高能率，最低の原価と表現しています。理想標準原価は，仕損や遊休時間などの余裕率を含まないため，従業員がいくら努力しても達成することが非常に難しい原価です。そのため，工場の能率を測定する目標値としては適さないだけではなく，財務諸表を作成するために利用することもできません。

3　標準原価計算の目的と課題

①　標準原価計算の目的（効果）

原価計算基準40では，①原価管理，②財務諸表作成，③予算管理，④記帳の簡略化・迅速化の４つを標準原価計算の目的として示しています。このうち，原価管理と予算管理は管理会計目的であり，原価管理目的が最初に示されていることから，最も重要な目的とされていることがわかります。実際原価計算では，製造量が変化すると，製品１個当たりの固定費の配賦額も変化しました。また，先入先出法と平均法により計算結果が異なるなど，計算プロセスも複雑でした。それに対して，標準原価計算では，製造個数にかかわらず，同じ金額の原価標準を使用し，材料の単価や労務費の賃率の違いや変化も反映しませんので，製造の時期や個数にかかわらず同じ単位原価を使用できるというメリットがあります。

このことは，実際原価が標準原価と同額以下の水準であれば，原価の発生が望ましい状態であり，逆に実際原価の方が標準原価よりも大きければ，製造現場が非効率的に運営されていることを意味しています。このように，原価管理目的で標準原価計算を利用する場合は，標準原価を製造現場の能率の尺度として，標準原価（原価標準×製造量）を達成するように製造現場を動機づけます。また，製造後に実際原価と標準原価を比較する差異分析を実施し，製造活動が効率的に行われたのかどうかを検証し，実際原価の方が標準原価より大きい場合には，差異が生じた原因を分析して改善活動につなげます。

標準原価は，予算管理でも利用されます。１年間の短期的な行動計画・利益計画を会計的な数値に置き換えて，資金的な裏づけを与えたものを予算といい，最終的には見積財務諸表を作成します。予算は１年間の予測値ですので，同じ予測値である標準原価とは相性が良いことになります。標準原価計算で原価計算を行っているのであれば，見積貸借対照表に計上する仕掛品や製品の金額や，見積損益計算書の売上原価の金額については，標準原価を利用すべきです。

標準原価は，財務諸表に計上する原価としても利用することができます。実際原価計算で行う繁雑な計算が省略されるため，仕訳や在庫管理のための記帳を簡略化し，迅速に財務諸表を作成することが可能になりますが，実際原価との差額について調整する必要があります。標準原価計算における原価差異は，原則的に売上原価に賦課し，異常な状態に基づくものは非原価項目とします（原価計算基準47㈡）。

②　標準原価の課題

標準原価にはいくつかの課題があります。

１つ目は，原価標準を決定するのに時間とコストがかかるために，製品のライフサイクルが短かったり，価格が安かったりすると，標準原価計算を適用しづらいことです。そのため，近年は，原価計算基準が意図している原価管理目的ではなく，財務諸表作成の迅速化を目的として企業で使われる傾向にあり，コストをかけて原価標準を決めるのではなく，簡便的な予定原価が使われることも増えています。

２つ目の課題は，標準原価は予定値のために，実績値である実際原価とは差が生じることです。原価計算ではこのような差を**差異**と表現しますが，財務諸表には差異を反映する必要があります。また，原価管理目的では差異の原因を究明して，その後の改善活動につなげますが，どこまで細かく差異を計算すべきなのかは，コスト・ベネフィットの観点から検討すべき問題です。なお，標準原価計算では，費目ごとの総額を単位として差異分析を行います。標準原価計算を導入している場合は，実際原価計算による単位原価の計算はしませんので，単位原価ベースで実際原価と標準原価の比較を行うことは想定していません。

4　直接材料費の差異分析

例題13-2 以下のデータに基づいて，直接材料費の総差異，価格差異，数量差異を計算してください。それぞれの差異には，有利差異であるのか，不利差異であるのかも示してください。

標準価格　@230円 /kg　実際価格　@238円 /kg
標準消費量　170kg　実際消費量　167kg

解答・解説

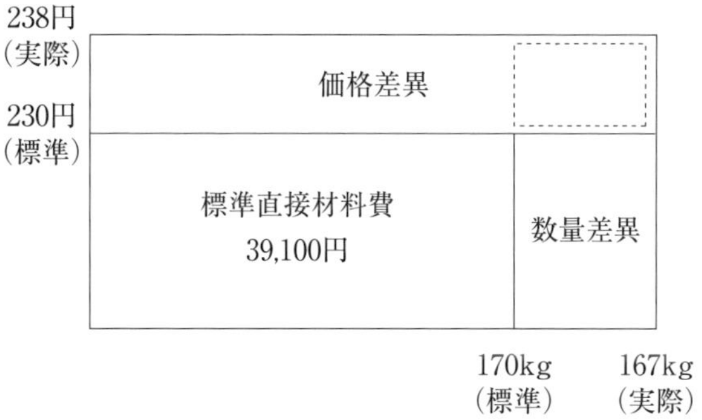

右の図で，横軸の左側が標準消費量，右側が実際消費量を，縦軸の下側が標準価格，上側が実際価格です。したがって，左下の四角は標準直接材料費39,100円（230円×170kg）を，外枠は実際直接材料費39,746円（238円×167kg）を示しています。両者の差額が総差異であり，39,100円－39,746円＝△646円（不利差異）と計算でき，直接材料費を39,100円に収めたいのに，実際には39,746円と目標値よりも646円大きな金額が発生し，会社にとっては望ましくない状況を示しています。このような差異を，会社にとって望ましくないという意味で**不利差異**といいます。

238円（実際）
230円（標準）
価格差異
標準直接材料費
39,100円
数量差異
170kg（標準）　167kg（実際）

直接材料費の総差異は，差異が生じた原因が価格にあるのか，工場での材料の使用量にあるのかを分析するために，価格差異と数量差異に分解します。

価格差異＝（標準価格－実際価格）×実際消費量
＝（230円－238円）×167kg＝△1,336円（不利差異）

数量差異＝標準価格×（標準消費量－実際消費量）
＝230円×（170kg－167kg）＝690円（有利差異）

価格差異は総差異と同じく不利差異ですが，工場で使用した実際消費量の方が標準消費量よりも小さいために，数量差異はプラスになっています。このように，標準よりも実際が小さい差異は，企業にとって望ましい差異であるために**有利差異**といいます。

上記の図の右上の点線の部分は，価格だけではなく数量も影響していますが，価格差異に含めて計算します。外部の企業との関係があるために，購入側の企業で価格をコントロールすることは難しい一方で，工場での作業効率が影響する材料の消費量は管理可能です。そのため，直接材料費については数量差異が管理の主目的とされ，その金額から価格が与える要素を排除して厳密に計算しています。

なお，有利差異，不利差異という表現のほかに，借方差異，貸方差異という表現の仕方もあります。勘定記入をしたときに，差異が借方に生じるか貸方に生じるかによる表現の仕方であり，不利差異が借方差異に，有利差異が貸方差異になります。

One Point：標準原価による管理の対象について

原価計算基準４(一)２では，標準原価について，「財貨の消費量を科学的，統計的調査に基づいて能率の尺度となるように予定し，かつ，予定価格又は正常価格をもって計算した原価」と定義しています。科学的，統計的調査に基づいて決める消費量に対して，緩やかな標準値である予定価格または正常価格と，両者の扱いが異なることからも，標準原価計算による主要な管理の対象が，価格ではなく消費量であることがわかります。しかし，サプライヤーの数を絞ることや，複数の製品で部品を共有化することで，大量購買による価格引下げを実現している企業もあり，必ずしも価格は管理不能であるというわけではありません。なお，サプライヤーの数を１社に絞ると，自然災害や火災などによってサプライヤーが供給不能になったときに，操業が止まるというリスクがあります。

5　直接労務費の差異分析

例題13-3　以下のデータに基づいて，直接労務費に関する総差異，賃率差異，作業時間差異を計算してください。それぞれの差異には，有利差異であるのか，不利差異であるのかも示してください。

標準賃率　　@1,500円／時間　　実際賃率　　@1,480円／時間
標準直接作業時間　200時間　　実際直接作業時間　214時間

●解答・解説

右の図で，横軸の左側が標準直接作業時間，右側が実際直接作業時間を，縦軸の下側が標準賃率，上側が実際賃率です。したがって，左下の四角は標準直接労務費300,000円（1,500円×200時間）を，外枠は実際直接労務費316,720円（1,480円×214時間）を示しています。両者の差額が総差異になり，

300,000円－316,720円＝△16,720円（不利差異）と計算できます。

直接労務費の総差異は，差異が生じた原因が賃率にあるのか，工場での作業時間にあるのかを分析するために，賃率差異と作業時間差異に分解します。

賃率差異＝（標準賃率－実際賃率）×実際直接作業時間
＝（1,500円－1,480円）×214時間＝4,280円（有利差異）

作業時間差異＝標準賃率×（標準作業時間－実際作業時間）
＝1,500円×（200時間－214時間）＝△21,000円（不利差異）

直接労務費の差異分析でも，図の右上の点線の部分は賃率差異に含め，作業時間差異を厳密に管理します。例題13-3では，賃率差異が有利差異で，作業時間差異が不利差異ですので，なぜ目標とする作業時間を超えたのか，工場での働き方が非効率的でないのかを

分析する必要があります。

6　製造間接費の差異分析（固定予算）

製造間接費を**固定予算**によって管理する場合は，製造間接費の配賦率を変動費部分と固定費部分に分けることなく決定し，その配賦率に基づいて製造間接費標準配賦額を計算します。**図表13―1**の下部の一番左側の**標準操業度**（許容標準操業度）は，実際製造数量に対する標準直接作業時間を意味しており，製造間接費標準配賦額の計算で用います。一番右側の基準操業度は，製造間接費予算に対応する操業度です。

標準配賦率＝年間の製造間接費予算÷年間の基準操業度

製造間接費標準配賦額＝標準配賦率×標準操業度

製造間接費総差異＝製造間接費標準配賦額－製造間接費実際発生額

図表13―1　製造間接費の差異分析（固定予算）

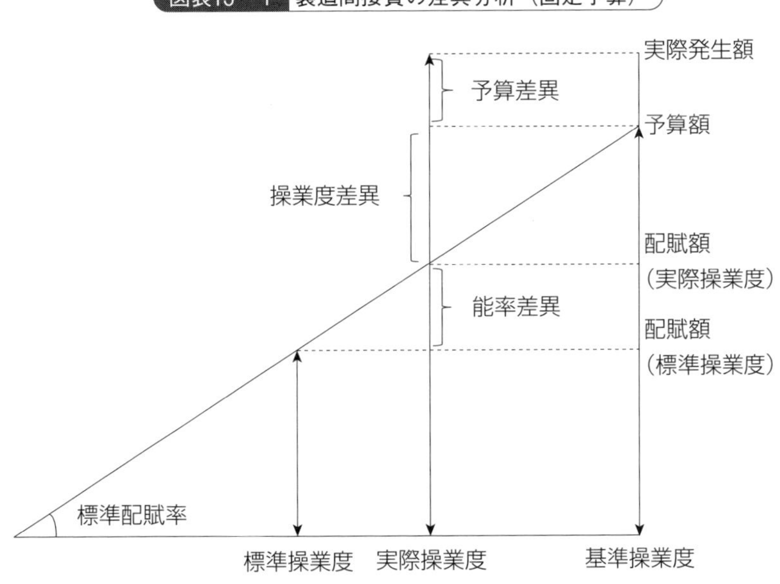

製造間接費の総差異は，能率差異，操業度差異，予算差異の３種類に細分されます。これら3つの差異は以下のように計算されます。

能率差異　＝標準配賦率×（標準操業度－実際操業度）

操業度差異＝標準配賦率×（実際操業度－基準操業度）

予算差異　＝製造間接費予算額－製造間接費実際発生額

例題13-4 以下のデータに基づいて，製造間接費に関する総差異と，能率差異，操業度差異，予算差異を計算してください。製造間接費予算は固定予算により管理しています。それぞれの差異には，有利差異であるのか，不利差異であるのかも示してください。

製造間接費予算額	405,000円	製造間接費実際発生額	420,000円
基準直接作業時間	225時間	標準直接作業時間	200時間
実際直接作業時間	214時間		

解答・解説

計算式と差異の金額は以下のとおりです。図表13—1に数値を当てはめてみてください。

標準配賦率＝405,000円÷225時間＝1,800円

製造間接費総差異＝1,800円×200時間－420,000円＝△60,000円（不利差異）

能率差異＝1,800円×（200時間－214時間）＝△25,200円（不利差異）

操業度差異＝1,800円×（214時間－225時間）＝△19,800円（不利差異）

予算差異＝405,000円－420,000円＝△15,000円（不利差異）

7　製造間接費の差異分析（変動予算）

変動予算では，y ＝ ax ＋ b（a：変動費率，b：固定費）という製造間接費の公式により，基準操業度の製造間接費予算を決定します。製造間接費予算は固定費部分と変動費部分に分けられ，変動費÷基準操業度で変動費率を，固定費÷基準操業度で固定費率を計算します。変動費率と固定費率をあわせると標準配賦率になり，標準配賦率×標準操業度で標準配賦額を計算します。また，y ＝ ax ＋ bという製造間接費線を求める公式に実際操業度を代入し，その場合の予算額も計算します。つまり，変動予算では実際操業度に応じて予算額を変えることに特徴があり，どのような操業度でも予算額が一定である固定予算とは，この点で異なっています。

製造間接費の総差異は，固定予算と同様に製造間接費配賦額（標準操業度）から製造間接費実際発生額の差額として計算され，能率差異，操業度差異，予算差異の3種類に内訳を細分します。**図表13—2**から，これら3つの差異の計算式は以下のように固定予算とは異なっていることがわかります。

能率差異＝製造間接費配賦額（標準操業度）－標準配賦率×実際操業度

＝標準配賦率×（標準操業度－実際操業度）

＝変動費能率差異＋固定費能率差異

操業度差異＝固定費率×（実際操業度－基準操業度）

予算差異　＝製造間接費予算許容額（実際操業度）－製造間接費実際発生額

＝（変動費率×実際操業度＋固定費予算額）－製造間接費実際発生額

図表13―2　製造間接費の差異分析（変動予算）

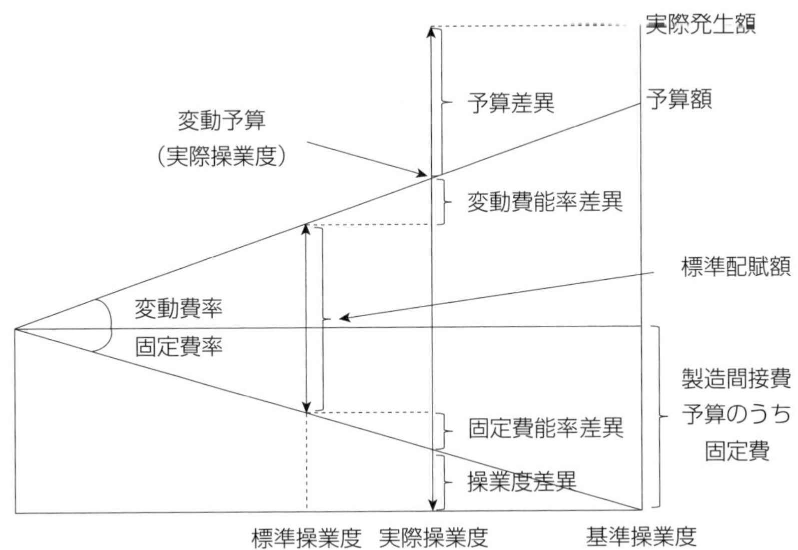

例題13-5　以下のデータに基づいて，製造間接費に関する総差異と，能率差異，操業度差異，予算差異を計算してください。製造間接費予算は変動予算により管理しています。それぞれの差異には，有利差異であるのか，不利差異であるのかも示してください。

製造間接費予算額	405,000円	固定費予算額	225,000円
製造間接費実際発生額	420,000円		
基準直接作業時間	225時間	標準直接作業時間	200時間
実際直接作業時間	214時間		

●解答・解説

計算式と差異の金額は以下のとおりです。図表13―2に数値を当てはめてみてください。

標準配賦率＝405,000円÷225時間＝1,800円

固定費率＝225,000円÷225時間＝1,000円

変動費率＝1,800円－1,000円＝800円

変動予算線は $y=800x+225{,}000$ になります。

製造間接費総差異＝1,800円×200時間－420,000円＝△60,000円（不利差異）

能率差異＝1,800円×（200時間－214時間）＝△25,200円（不利差異）

操業度差異＝1,000円×（214時間－225時間）＝△11,000円（不利差異）

予算差異＝800円×214時間＋225,000円－420,000円＝△23,800円（不利差異）

変動予算と固定予算では総差異と能率差異の金額は等しく，変動予算では操業度差異を固定費だけで計算しているために，その分が予算差異の金額に反映されていることがわかります。

8　標準原価計算の勘定記入

標準原価計算の勘定記入の方法には，シングルプラン，パーシャルプラン，修正パーシャルプランの3つがあります。このうち，**シングルプラン**は仕掛品勘定の借方と貸方ともに標準原価で記入する方法です。したがって，直接材料費，直接労務費，製造間接費の各勘定で原価差異は記録されます。

パーシャルプランでは，仕掛品勘定の借方は実際原価で，貸方は標準原価で記入します。したがって，原価差異はすべて仕掛品勘定で記録されることになります。

修正パーシャルプランは，仕掛品勘定の借方の価格と賃率を標準値で，消費量と直接作業時間は実際値で計算する方法です。この場合は，価格差異は直接材料費勘定で，賃率差異は直接労務費勘定で記録されます。

第13章の Key Word

1．標準原価計算，原価標準，標準原価カード
2．原価管理目的，記帳の簡略化・迅速化
3．現実的標準原価，正常原価，予定原価，理想標準原価
5．差異分析，売上原価
6．価格差異，数量差異，賃率差異，作業時間差異
7．能率差異，操業度差異，予算差異
8．シングルプラン，パーシャルプラン，修正パーシャルプラン

Focus 13　製造間接費の配賦差異の細分化について

製造間接費の配賦差異については，多くのテキストで能率差異，操業度差異，予算差異の3種類に分類しています。このような分類を三分法といい，ほかに二分法や四分法も存在します。

標準原価計算では，不利差異については原因の分析を行い，標準原価に合わせるように改善すべきですが，製造間接費にこれを当てはめると，企業にとって悪影響が出る場合があります。操業度差異は固定費率×（実際操業度－基準操業度）で計算しますので，実際操業度を基準操業度よりも大きくすることで不利差異を解消できます。しかし，実際操業度が基準操業度以下ということは，能率的に操業が行われているか，需要がなく生産が少ないことを意味しており，基準操業度に合わせるためには，売れる見込みがない製品を作り，標準操業度と実際操業度を右側にシフトする必要があります。

直接材料費と直接労務費は，実際原価を変化させて標準原価に合わせる管理ができますが，製造間接費は予算で定めた一定額が発生しますので，標準原価を変化して合わせることになり，このような矛盾が生じてしまいます。なお，製造量は変えずに作業能率を悪くすることでも操業度差異は小さくできますが，この場合には，標準操業度の位置は変わらないので，操業度差異の減少分は能率差異の増加分として吸収されることになります。

原価計算基準46㈣では，製造間接費差異を「能率差異，操業度差異等に適当に分析する。」として，どのように差異分析をすべきかを明示していませんので，実は製造間接費の差異分析の自由度は高いことになります。極端な例になりますが，Drury（2016, p.321）では，製造間接費を変動製造間接費と固定製造間接費に分け，固定製造間接費については予算額と実際額の差額だけを計算し，個々の費目ごとに増減を比較して原因分析をすることを示しています。私自身は，変動的な製造間接費も含めて細かい差異分析をせず，勘定科目別の管理を部門別に行えばいいのではないかと考えています。

Exercise

13―1　以下の文章の（　）内に適当な語句を入れてください。

実際原価が財貨の（　①　）消費量をもって計算した原価であるのに対し，標準原価は，財貨の消費量を（　②　）的，（　③　）的調査に基づいて（　④　）の尺度となるように予定し，（　⑤　）価格か（　⑥　）価格を乗じて計算した原価をいいます。標準原価計算を実施した場合，直接材料費の差異分析では，（　⑦　）差異と，工場での作業を原因とする（　⑧　）差異を計算します。直接労務費についても，（　⑨　）差異と，工場での作業を原因とする（　⑩　）差異を計算します。変動予算に基づく製造間接費の差異分析（三分法）では，製造間接費予算許容額（実際操業度）－製造間接費実際発生額で計算する（　⑪　）差異，固定費率×（実際操業度－基準操業度）で計算する（　⑫　）差異，さらに（　⑬　）差異を計算します。

①		②		③	
④		⑤		⑥	
⑦		⑧		⑨	
⑩		⑪		⑫	
⑬					

13―2　以下のデータに基づいて，製品P2の直接材料費に関する差異（価格差異，数量差異，総差異）と直接労務費に関する差異（賃率差異，作業時間差異，総差異）を計算してください。それぞれの差異について，有利差異か不利差異かも示してください。

直接材料費	標準価格	@600円 /kg	実際価格	@614円 /kg
	標準消費量	294kg	実際消費量	284kg
直接労務費	標準賃率	1,440円 / 時間	実際賃率	1,497円 / 時間
	標準作業時間	32時間	実際作業時間	35時間

直接材料費	価格差異	数量差異	総差異
直接労務費	賃率差異	作業時間差異	総差異

13—3　製造間接費を(1)固定予算で管理している場合，(2)変動予算で管理している場合のそれぞれについて，総差異，能率差異，操業度差異，予算差異を計算してください。それぞれの差異については，有利差異と不利差異のどちらであるのかも明記してください。また，(3)それぞれの差異を比較して，その差が生じる理由について，数値を用いつつ具体的に説明してください。

製造間接費予算額	283,376円	固定製造間接費予算額	155,394円
製造間接費実際発生額	275,000円		
基準直接作業時間	178時間	標準直接作業時間	159時間
実際直接作業時間	162時間		

	総差異	能率差異	操業度差異	予算差異
(1)	円 有利・不利　差異	円 有利・不利　差異	円 有利・不利　差異	円 有利・不利　差異
(2)	円 有利・不利　差異	円 有利・不利　差異	円 有利・不利　差異	円 有利・不利　差異

13—4　ある企業の工場では，製造現場に作業時間の予算を設定し，その時間内で作業を実施できるかどうかで職長の業績評価を行っています。今年度は需要が大幅に伸びて増産を行ったため，違う作業チームから応援をしてもらいましたが，作業に慣れていないために，生産量はなんとか達成したものの，目標の作業時間を超えてしまいました。この場合，職長の評価はどのようにしたらいいか考えてください。

13—5　レポート用課題：バジェタリースラック⒀

目白：東京，新型コロナで緊急事態宣言がまた出ましたね。演劇業界も公演を中止したりチケットを売れなかったりで本当に困っちゃうわ。観客は話さないように協力してくれてるし，換気だってしてるんですけどね。

S先生：劇団も自粛に協力しなくてはいけないのはわかりますが，役者さんだって生活がありますし，場当たり感は否めないですよね。それはそうと，目白さんはワクチンの接種はもう終わったんですか。

目白：まだ接種券が送られてこないから。いつ来るのかな。S先生は打ったの？

S先生：勤務先の大学で職域接種をやってますので，昨日打ったんですけど，動線がすごく作りこまれていたんですよ。

【問題】① S先生が勤務するK大学の職域接種の動線図を見て，長所を考えるとともに，会場運営上の注意事項を示してください。

② あなたが知っている作業の動線図を作り，その動線の長所と課題を考えてください。

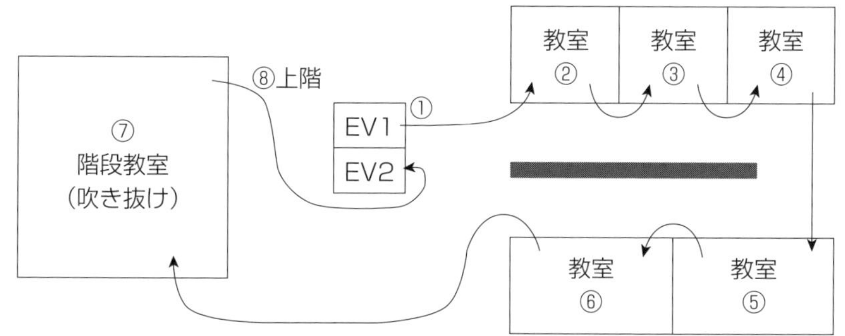

① エレベータ1で会場となった階に移動

② 予約した時間と教職員証・学生証による教員番号・学生番号の確認

③ 予診票と接種記録書の記載事項の確認

④ 医師による問診

⑤ 予防接種

⑥ ワクチンのロットシールの貼り付けと接種券の回収

⑦ 階段教室で休憩（階段教室内を4ヵ所に分け，満員になると1ヵ所をあける）

⑧ 吹き抜けになっている階段教室の上階の出口よりエレベータ2より退場

＊本問の動線図は筆者の勤務校の職域接種を参考に作成しました。

《解答と解説》

13—1

①	実際	②	科学	③	統計
④	能率	⑤	予定	⑥	正常
⑦	価格	⑧	数量	⑨	賃率
⑩	作業時間	⑪	予算	⑫	操業度
⑬	能率				

②と③，⑤と⑥は入れ換え可能ですが，解答は原価計算基準に記載されている順序です。

13—2

直接材料費	価格差異	数量差異	総差異
	△3,976円（不利差異）	6,000円（有利差異）	2,024円（有利差異）
直接労務費	賃率差異	作業時間差異	総差異
	△1,995円（不利差異）	△4,320円（不利差異）	△6,315円（不利差異）

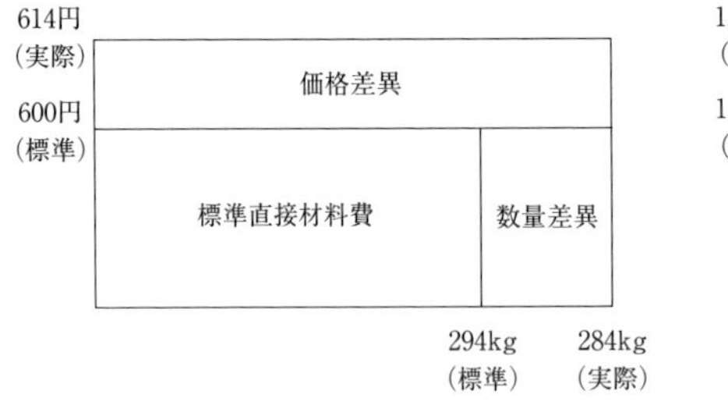

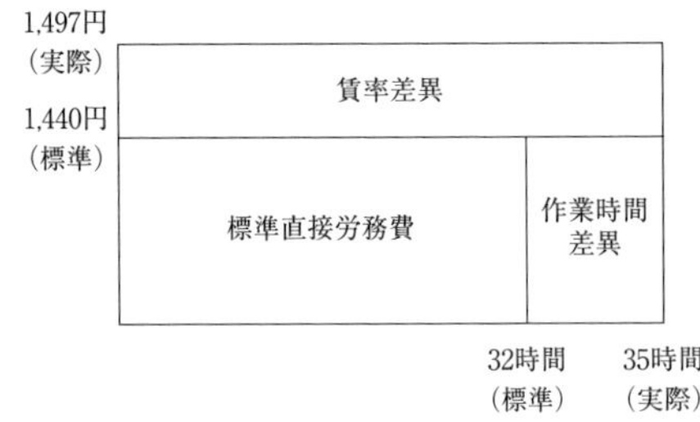

直接材料費に関する差異

価格差異＝（600円－614円）×284kg ＝△3,976円（不利差異）

数量差異＝600円×（294kg －284kg）＝6,000円（有利差異）

総差異＝600円×294kg －614円×284kg ＝2,024円（有利差異）

（＝△3,976円＋6,000円）

直接労務費に関する差異

賃率差異＝（1,440円－1,497円）×35時間＝△1,995円（不利差異）

作業時間差異＝1,440円×（32時間－35時間）＝△4,320円（不利差異）

総差異＝1,440円×32時間－1,497円×35時間＝△6,315円（不利差異）

（＝△1,995円＋△4,320円）

13—3

	総差異	能率差異	操業度差異	予算差異
(1)	△21,872円 有利・(不利) 差異	△4,776円 有利・(不利) 差異	△25,472円 有利・(不利) 差異	8,376円 (有利)・不利 差異
(2)	△21,872円 有利・(不利) 差異	△4,776円 有利・(不利) 差異	△13,968円 有利・(不利) 差異	△3,128円 有利・(不利) 差異

(1) 固定予算の場合の差異分析

標準配賦率＝283,376円÷178時間＝1,592円／時間

製造間接費総差異＝1,592円×159時間－275,000円＝△21,872円（不利差異）

能率差異＝1,592円×（159時間－162時間）＝△4,776円（不利差異）

操業度差異＝1,592円×（162時間－178時間）＝△25,472円（不利差異）

予算差異＝283,376円－275,000円＝8,376円（有利差異）

(2) 変動予算の場合の差異分析

固定費率＝155,394円÷178時間＝873円

変動費率＝1,592円－873円＝719円

製造間接費総差異＝1,592円×159時間－275,000円＝△21,872円（不利差異）

能率差異＝1,592円×（159時間－162時間）＝△4,776円（不利差異）

操業度差異＝873円×（162時間－178時間）＝△13,968円（不利差異）

予算差異＝719円×162時間＋155,394円－275,000円＝△3,128円（不利差異）

(3) 固定予算と変動予算では，総差異と能率差異の金額は同額であり，操業度差異と予算差異の金額だけが異なっています。固定予算では，変動費率も含めて操業度差異（△25,472円）の計算を行うのに対して，変動予算では固定費率だけで操業度差異（△13,968円）を計算しますので，その差の金額（△11,504円）が予算差異で調整されることになります。

＊719円×（162時間－178時間）＝△11,504円

13―4

この問題では，作業時間という非財務的指標を業績評価指標としていますが，基本的には標準原価計算を変動予算で製造間接費に適用したのと同じ管理方法を適用できます。当初設定した作業時間を指標として使うのであれば，固定予算的な管理方法になりますが，本問では需要が大幅に増えていますので，変動予算的に考えて，増加した需要に見合った作業時間と実際作業時間を比較し，また需要増に対応して生産量を確保できたかどうかも業績評価の対象とすべきです。そうでなければ，生産量が足りなくても作業時間を守って，自身の評価を高くする誘因が職長に働いてしまいます。増加した需要を満たす生産量を確保しつつ，作業時間も当初設定した範囲内に収めないと職長の業績を良く評価しないのは根性論であり，サービス残業を誘発するか，職長のやる気をそぐためにお勧めできません。この問題は20年ぐらい前にテレビで見たドキュメンタリーを参考にしてアレンジを加えて作成しました。その番組では職長の評価は良くなかったのに違和感を持ったのが本問を作成した動機です。このような問題は，製造業だけではなく，システムの制作における仕様の変更など，作業時間を増やす原因の管理がゆるい業界ほど，現場の不満が高くなりがちです。

第14章

直接原価計算

1　固定費が製造原価と利益に与える影響

原価計算基準8㈣では，操業度との関連から原価を変動費と固定費に分類しています。操業度の変化に比例して金額が増減する原価が**変動費**で，操業度が変化しても金額が変化しない原価が**固定費**です。固定費は一定額であるために，実際原価計算では，1個当たりの製品が負担する固定費が製造量に応じて変化し，製造量によって**単位原価**（1個当たりの製造原価）が異なります。そのため，①ある会計期間に製造した個数と，②期首と期末の在庫の個数が売上原価の金額に影響を与え，同じ個数の製品を販売しても利益が異なるという現象が生じてしまいます。

例題14-1　A社で製品S-60を1つ製造するのに，3,400円の材料費（変動費）が発生します。製造機械の減価償却費（固定費）は年間で20万円です。S-60を年間で10個，100個，500個製造した場合の，それぞれの単位原価と1個当たり固定費を計算してください。また，1個当たりの価格を1万円とした場合に，製造した製品S-60がすべて販売されたとして，売上総利益と売上総利益率を計算してください。期首の在庫はないものとします。

解答・解説

	10個製造	100個製造	500個製造
変動費	34,000円	340,000円	1,700,000円
固定費	200,000円	200,000円	200,000円
合計	234,000円	540,000円	1,900,000円
単位原価	23,400円	5,400円	3,800円
1個当たり固定費	20,000円	2,000円	400円
売上高	100,000円	1,000,000円	5,000,000円
売上総利益	△134,000円	460,000円	3,100,000円
売上総利益率	△134％	46％	62％

製造量とは関係なく固定費は20万円で一定ですので，製品1個当たりの固定費は，製造

個数によって，20,000円（10個製造），2,000円（100個製造），400円（500個製造）と変化します。その結果，製造個数が増えれば増えるほど，1個当たりの製造原価である単位原価は小さくなり，売上総利益率も大きくなっていることが確認できます。

例題14-2 例題14-1について，製品S-60の1個当たりの利益と，10個販売したときの利益を固定費を含む総原価によって計算してください。1個当たりの価格は1万円です。

●解答・解説

	10個製造	100個製造	500個製造
単位原価	23,400円	5,400円	3,800円
1個当たり利益	△13,400円	4,600円	6,200円
10個販売の利益	△134,000円	46,000円	62,000円

同じ個数を販売しても，製造個数によって利益が異なることがわかります。さらに，期首と期末の在庫に含まれている1個当たり固定費の金額によっても，利益の金額は変化します。このように，同じ個数を販売しても利益が違う現象は，会計に詳しくない人には理解が難しいと思います。同じ販売数のときに利益が同じ金額になるようにするには，予定原価や標準原価を利用して売上原価を計算することが考えられますが，本章で学習する直接原価計算でも同様の効果を得ることができます。

One Point：例題14-1の補足説明

製品S-60の1個当たりの価格を1万円として，1個当たりの製造原価と利益を，製造個数を100個，200個，300個，400個，500個で計算すると，以下の表になります。

	100個	200個	300個	400個	500個	趨勢
1個当たり製造原価	5,400円	4,400円	4,067円	3,900円	3,800円	逓減
1個当たり利益	4,600円	5,600円	5,933円	6,100円	6,200円	逓増

製品S-60の総製造原価はy＝3,400x＋200,000で計算できますので，利益の計算式はy＝10,000x－（3,400x＋200,000）＝6,600x－200,000になり，下の表に示すように，販売量が100個増えるごとに66万円ずつ利益が増加し，利益率は逓増します。

	100個	200個	300個	400個	500個	趨勢
売上高	100万円	200万円	300万円	400万円	500万円	
売上原価	54万円	88万円	122万円	156万円	190万円	
利益	46万円	112万円	178万円	244万円	310万円	定額増（66万円）
利益率	46%	56%	59.3%	61%	62%	逓増

2　直接原価計算の定義と特徴

製造原価を変動費だけで計算する原価計算を，**直接原価計算**（Direct Costing）といいます。製造原価を変動費だけで計算すると，売上原価も変動費だけで計算されますので，売上高に対する変動費の割合である変動費率が一定であれば，売上高が同じ金額の場合は，製造個数に関係なく利益は同じになります。

直接原価計算では，変動売上原価と変動販売費から構成される変動費のことを**直接原価**（Direct Cost）と表現し，売上高から変動売上原価を控除した金額を**変動製造マージン**，変動製造マージンから変動販売費を控除した金額を**限界利益**（Marginal Profit）といいます。限界利益は，売上高から総変動費を控除した金額と定義することもできます。製造固定費は製造原価とはせずに，期間原価として全額をその期の費用に計上します。

直接原価計算は，事業部や社内カンパニーごとに損益を計算するセグメント会計でも，貢献利益法に基づく損益計算書として利用されています。CVP分析では費用を変動費と固定費に分解します。差額原価収益分析でも，変動費が関連原価で固定費が無関連原価（埋没原価）とほぼ同じ概念で説明できる事例が多くあります。このように，直接原価計算は，管理会計を理解するうえで，非常に重要で応用力に富んだ手法です。

例題14-3　例題14-1の製品S-60の価格が10,000円のとき，製造原価を変動費だけで計算し，製品S-60を10個，100個，500個製造した場合に，10個販売したときの変動製造マージン（売上高－変動売上原価）の金額を計算してください。

●解答・解説

	10個製造	100個製造	500個製造
売上高	100,000円	100,000円	100,000円
変動売上原価	34,000円	34,000円	34,000円
変動製造マージン	66,000円	66,000円	66,000円

解答を見ればわかるように，直接原価計算では，何個製造したとしても，同じ数を販売すれば同じ金額の利益（変動製造マージン）になります。

例題14-4 ㈱プラムでは，製造した製品をすべてその会計年度中に販売しています。売上高5,000千円，変動売上原価1,200千円，製造原価のうち固定費は1,600千円，変動販売費800千円，固定販売費及び一般管理費500千円として，直接原価計算による損益計算書と，全部原価計算による損益計算書を作成してください。

●解答・解説

直接原価計算による損益計算書

（単位：千円）

売上高	5,000
変動売上原価	1,200
変動製造マージン	3,800
変動販売費	800
限界利益	3,000
固定製造原価	1,600
固定販売費及び一般管理費	500
営業利益	900

全部原価計算による損益計算書

（単位：千円）

売上高	5,000
売上原価	2,800
売上総利益	2,200
販売費及び一般管理費	1,300
営業利益	900

左側が直接原価計算による損益計算書であり，それを全部原価計算で作り替えた場合の損益計算書が右側です。直接原価計算の第１の特徴は，変動費のみで売上原価（製造原価）を計算し，固定費は製品には配賦せずに，期間原価として発生した期の費用とすることです。販売費も変動費と固定費に分類します。たとえば，販売量に応じて小売店にリベートを支払っている場合は変動費になり，テレビで流すCMの費用（広告宣伝費）は固定費になります。一般管理費は，売上高の変化とは関係ないので，全額が固定費とされます。このように，直接原価計算といいながら，製品原価の計算よりも損益計算に重きを置いている点が，直接原価計算の第２の特徴になります。

財務会計目的の損益計算では，製造原価を変動費と固定費で計算する**全部原価計算**によって損益計算書を作成する必要があります。それに対して，直接原価計算は変動費だけを製造原価とする**部分原価計算**であり，外部報告目的の財務諸表を作成するためには使用できません。右側の全部原価計算による損益計算書では，変動売上原価1,200千円と固定製造原価1,600千円の合計2,800千円が売上原価になり，変動販売費800千円と固定販売費及び一般管理費500千円の合計1,300千円が販売費及び一般管理費になります。例題14-4では，期首と期末の在庫がないことを前提としていますので，固定製造原価はすべて売上原価となるため，直接原価計算と全部原価計算で計算した営業利益は一致します。

One Point：直接原価と直接費について

直接原価は変動費を意味しており，直接費は，製品や組織などに1対1で跡づけることができる原価を意味しています。たとえば，事業部の製品のCMをテレビで流す場合，広告宣伝費は事業部の直接原価ではなく直接費になります。このように，両者は異なる概念ですが，事業部制会計で直接原価計算の考え方に基づいた貢献利益法による損益計算書を作成する場合には，直接原価（変動費）の代わりに，減価償却費などの明らかな固定費以外の直接費を売上高から控除して，限界利益を計算する企業もあります。この場合には理論と実務は乖離しますが，変動費は基本的には直接費ですので，実質的な影響はそれほど大きくないと考えられます。なお，海外では，最近は直接原価計算（Direct Costing）と表現せずに，変動原価計算（Variable Costing）と表現する方が多いといわれています。

3　期首と期末の在庫が利益に与える影響

ここでは，期首と期末に在庫がある場合の営業利益を，直接原価計算と全部原価計算で比較してみましょう。

例題14-5　以下のデータをもとに，直接原価計算と全部原価計算の2つの方式で，6月と7月の損益計算書を作成してください。価格は@1万円，各月の固定製造原価は20万円，売上原価の計算は先入先出法で行います。また，変動販売費は@1,740円，固定販売費は30万円，一般管理費は50万円です。上記のデータは6月と7月で変化していません。

	6月	7月
月初残高	0個	50個
製造個数	400個	500個
月末残高	50個	200個
単位原価（変動製造原価）	3,400円	3,400円

解答・解説

6月の販売個数：0個＋400個－50個＝350個
7月の販売個数：50個＋500個－200個＝350個
直接原価計算の売上原価：3,400円×350個＝1,190,000円
全部原価計算の6月の1個当たり固定費：200,000円÷400個＝500円
全部原価計算の6月の単位原価：3,400円＋500円＝3,900円
全部原価計算の6月の売上原価：3,900円×350個＝1,365,000円
全部原価計算の7月の1個当たり固定費：200,000円÷500個＝400円
全部原価計算の7月の単位原価：3,400円＋400円＝3,800円
全部原価計算の7月の売上原価：3,900円×50個＋3,800円×300個＝1,335,000円

直接原価計算による損益計算書（6月）	
売上高	3,500,000
変動売上原価	1,190,000
変動製造マージン	2,310,000
変動販売費	609,000
限界利益	1,701,000
固定製造原価	200,000
固定販売費	300,000
一般管理費	500,000
営業利益	701,000

直接原価計算による損益計算書（7月）	
売上高	3,500,000
変動売上原価	1,190,000
変動製造マージン	2,310,000
変動販売費	609,000
限界利益	1,701,000
固定製造原価	200,000
固定販売費	300,000
一般管理費	500,000
営業利益	701,000

全部原価計算による損益計算書（6月）	
売上高	3,500,000
売上原価	1,365,000
営業利益	2,135,000
販売費	909,000
一般管理費	500,000
営業利益	726,000

全部原価計算による損益計算書（7月）	
売上高	3,500,000
売上原価	1,335,000
営業利益	2,165,000
販売費	909,000
一般管理費	500,000
営業利益	756,000

直接原価計算では，各月に発生した固定製造原価20万円は全額がその月の費用とされますので，月初と月末の在庫があっても，売上高が同じであれば営業利益は同じ金額になります。一方，全部原価計算では，製造量の違いと月初と月末の在庫の存在が単位原価を変化させ，売上原価に影響を与えます。例題14−5を全部原価計算で計算した場合，製造した50個の固定費25,000円（@500円×50個）が6月に在庫として資産計上され，販売した7月に売上原価に計上されます。逆に7月に製造した分の在庫200個に含まれる製造固定費80,000円（@400×200個）が次月以降の費用とされます。このように，製造個数の違いだけではなく，月初と月末の在庫の存在によっても，全部原価計算では営業利益が変化します。

なお，販売費及び一般管理費は，計上区分の違いはありますが，下記の計算のように金額は一致しており，直接原価計算と全部原価計算で差はありません。

直接原価計算：609,000円＋300,000円＋500,000円＝1,409,000円

全部原価計算：909,000円＋500,000円＝1,409,000円

4　固定費調整

例題14−5で直接原価計算と全部原価計算の7月の利益の違いは，以下のように説明できます。全部原価計算では，7月の月初製品50個に含まれる固定費25,000円は，製造した6月ではなく，販売した7月に費用に計上されます。一方，直接原価

計算では，製造した６月に費用処理されています。また，全部原価計算では，７月に製造したものの販売されなかった月末製品200個に含まれる固定費80,000円は，次月以降の販売時に費用処理されますが，直接原価計算では製造した７月に費用に計上します。

このように，期首と期末の製品がある場合，直接原価計算と全部原価計算で計算した利益は異なりますが，財務会計では全部原価計算に基づく利益しか認められていません。そのため，企業が管理会計目的で直接原価計算を導入している場合は，外部報告を行うために，直接原価計算の利益を全部原価計算の利益に修正する**固定費調整**を行います。

固定費調整では，月初製品と月末製品に含まれる固定費が，直接原価計算と全部原価計算に与える影響の差を調整します。利益の差の調整は，直接原価計算による利益を前提として，月初製品と月末製品に含まれる固定費を加減算することにより行います。

	月初製品の固定費	月末製品の固定費
直接原価計算	前月に全額費用処理している。（当月の利益には影響しない）	当月に全額費用処理する。
全部原価計算	当月の売上原価として，費用に計上する。	当月には棚卸資産に計上するので，当月の利益には影響しない。
固定費調整	当月の費用にするために，直接原価計算の利益から減算する。	次月の費用とするために，直接原価計算の利益に加算する。

例題14－6　例題14－5で，直接原価計算で計算した７月の営業利益701,000円を，全部原価計算で期首製品と期末製品に含まれる固定費を加減算することで，全部原価計算による営業利益756,000円に一致させてください。

●解答・解説

例題14－5では，以下のような計算プロセスによって固定費調整が行われます。

直接原価計算による収益	3,500,000円	
直接原価計算の費用	△2,799,000円	
直接原価計算の利益	701,000円	
月初製品（全部原価計算）に含まれる固定費	△25,000円	固定費調整
月末製品（全部原価計算）に含まれる固定費	80,000円	固定費調整
全部原価計算による利益	756,000円	

第14章の Key Word

1．直接原価計算
2．直接原価（変動費），固定費
3．限界利益
4．全部原価計算，固定費調整

Focus 14 『原価計算基準』の改訂について

第１章で述べたように，原価計算基準は昭和37年に公表された基準案であり，そのまま一度も改訂されていません。したがって，企業の技術変化（工場の自動化の進展）や，活動基準原価計算などの原価計算理論の発展を反映していません。また，サービス業の原価計算も想定していません。そのため，原価計算基準については，過去何回か見直しが検討されており，現在も見直しの議論が続けられています。しかし，以下の２つの理由から，原価計算基準の見直しについては，私はそれほど積極的な立場ではありません。

第１に，製造業とサービス業という大きな分類で原価計算に違いがあるだけではなく，業種・業態によって製造プロセスが異なっており，基準を改訂したとしても，結局はすべての業態に当てはまるような総花的で平均的な文章にならざるをえないことです。

第２に，現在の原価計算基準に基づく計算は，簿記の検定試験などで長く出題され続けており，多くの人が拠り所とする，いわば日本の原価計算のバイブルとしての役割を持っています。企業では，原価計算基準をベースとして，自社に適したカスタマイズをしており，現状で特に問題が生じているとは思いません。

したがって，原価計算基準を改訂するのではなく，現在の基準を補う適用指針を作るのが現実的であると思います。たとえば，現在の原価計算基準では，階梯式配賦法の配賦順序や，仕損や減損の計算プロセスなどは示されていませんので，適用指針では，全項目にわたり計算プロセスと数値例を明示する必要があると思います。適用指針については，できれば業種別に，最低限製造業とサービス業に分けて作成すべきでしょう。

なお，原価計算基準改訂の議論の多くで，管理会計的な要素を基準に盛り込むことを想定しています。しかし，新しい原価計算基準を作り企業の実務に反映したいのであれば，財務会計基準機構の企業会計基準委員会が財務会計の基準として作成することになり，管理会計的な視点を原価計算基準に取り入れることは考えられません。

Exercise

14—1　以下の文章の（　）内に適当な語句を入れてください。

直接原価計算では，原価を（　①　）と（　②　）に分類しますが，（　①　）については（　③　）と表現しています。売上高から（　①　）を控除することで，売上高に比例的に変動する利益である（　④　）を計算します。直接原価計算では，（　④　）の計算プロセスを細分化し，売上高からまず（　⑤　）を控除して（　⑥　）を計算し，さらに（　⑦　）を控除することで（　④　）を計算します。直接原価計算と全部原価計算による営業利益を一致させるためは，（　⑧　）を行う必要があります。

①		②		③	
④		⑤		⑥	
⑦		⑧			

14―2　A社の売上高が180,000円，変動売上原価が36,000円，固定製造原価が48,000円，変動販売費が12,000円，固定販売費及び一般管理費が20,000円のとき，直接原価計算による限界利益は（　①　）円で，営業利益は（　②　）円です。

全部原価計算を行ったときに，期首製品の固定費が4,600円，期末製品の固定費が1,800円でした。この条件で固定費調整を行うと，全部原価計算によって計算した営業利益は（　③　）円と計算できます。

①	円	計算式：
②	円	計算式：
③	円	計算式：

14―3　B社では直接原価計算を実施しています。売上高が262,000円，変動費が144,100円，固定費が65,500円のときに，限界利益率は（　①　）％，当期純利益率は（　②　）％になります。売上高が２割増加したときの限界利益率は（　③　）％で，当期純利益率は（　④　）％です。B社で92,000円の当期純利益を獲得するためには，（　⑤　）の売上高が必要になります。計算上端数が出るときは，小数点第２位を四捨五入してください。

①	％	計算式：
②	％	計算式：
③	％	計算式：
④	％	計算式：
⑤	円	計算式：

14―4　１個当たりの販売価格を300円として，100個，200個，500個販売したときの直接原価計算による営業利益を比較し，売上高の変化と営業利益の関係について説明してください。製造量は500個，１個当たりの変動費は120円，固定製造原価は10,000円，固定販売費及び一般管理費は8,000円とします。

販売数量	売上高	変動費	限界利益	限界利益率	営業利益	営業利益率
100個	円	円	円	％	円	％
200個	円	円	円	％	円	％
500個	円	円	円	％	円	％

14—5　レポート用課題：バジェタリースラック⒁

目白：直接原価計算の考え方は，演劇でも役に立ちそうね。

S先生：そうですね。単純に直接原価計算による損益計算だけではなく，CVP分析で損益分岐点を計算してもいいと思いますよ。

目白：そうすると，今回の課題はCVP分析かしら。

S先生：CVP分析は管理会計の方で課題にしましたので，今日は固定費の管理について考えてみましょう。

【問題】① 演劇の公演で発生する固定費を列挙して，それぞれの固定費ごとに管理方法を考えてください。

② バジェタリースラックの管理部門で今後発生すると思われる固定費を列挙して，それぞれの固定費ごとに管理方法を考えてください。

《解答と解説》

14—1

①	変動費	②	固定費	③	直接原価
④	限界（貢献）利益	⑤	変動製造原価	⑥	変動製造マージン
⑦	変動販売費	⑧	固定費調整		

14—2

①	132,000円	計算式：180,000円－（36,000円＋12,000円）＝132,000円
②	64,000円	計算式：132,000円－（48,000円＋20,000円）＝64,000円
③	61,200円	計算式：64,000円－4,600円＋1,800円＝61,200円

14—3

①	45%	計算式：{(262,000円－144,100円)÷262,000円}×100＝45%
②	20%	計算式：{(262,000円×0.45－65,500円)÷262,000円}×100＝20%
③	45%	計算式：{(262,000円×1.2－144,100円×1.2)÷(262,000円×1.2)}×100＝45%
④	24.2%	計算式：{(262,000円×1.2×0.45－65,500円)÷(262,000円×1.2)}×100＝24.2%
⑤	350,000円	計算式：(92,000円＋65,500円)÷0.45＝350,000円

③では売上高は2割増加（1.2倍）していますが，変動費も売上高に比例的に2割増加しますので限界利益率は変化せず，①と同じ45%になります。

⑤はCVP分析の問題です（C：Cost，V：Volume，P：Profit）。

解答の計算式は，収益－費用＝利益に基づいた以下の式より導くことができます。

変動費率は144,100円÷262,000円＝0.55

売上高をXとおくと，X－（0.55X＋65,500円）＝92,000円

0.45X＝92,000円＋65,500円なので，X＝（92,000円＋65,500円）÷0.45＝350,000円

14―4

販売数量	売上高	変動費	限界利益	限界利益率	営業利益	営業利益率
100個	30,000円	12,000円	18,000円	60%	0円	0%
200個	60,000円	24,000円	36,000円	60%	18,000円	30%
500個	150,000円	60,000円	90,000円	60%	72,000円	48%

この製品の費用線は $y = 0.4x + 18{,}000$ 円（xは売上高）なので，売上高線 $y = x$ との交点30,000円が損益分岐点になります。このときの販売量は100個（30,000円÷300円）です。これ以降の販売では，販売量に応じた限界利益の金額，つまり1個当たり限界利益180円×販売量の金額だけ利益が増加します。具体的には，販売量が100個増えるたびに，18,000円（180円×100個）利益が直線的に増えますが，この利益線は原点を通っていないために，売上高との関係，すなわち営業利益率（営業利益÷売上高×100）は，比例的な増加ではなく逓増することになります。なお，限界利益率（限界利益÷売上高×100）は，販売量にかかわらず60%で変化はしません。

主要参考文献

Drury, Colin, 2016, *Management Accounting for Business, 6th Edition*, Cengage Learning EMEA, Hampshire.

Horngren, C.T., S.M.Dater and G.Foster, 2003, *Cost Accounting: A Managerial Emphasis, 11th Edition*, Pearson Education, New Jersey.

Hussey, Roger, 1989, *Cost and Management Accounting*, Macmillan Education, Hampshire.

岡本清（2000）『原価計算　六訂版』国元書房

小林啓孝（1997）『現代原価計算講義　第２版』中央経済社

櫻井通晴（1995）『経営のための原価計算』中央経済社

清水孝（2014）『現場で使える原価計算』中央経済社

税務大学校（2021）『令和３年度　簿記会計学Ⅰ』税務大学校

税務大学校（2021）『令和３年度　簿記会計学Ⅱ』税務大学校

園田智昭・横田絵理（2010）『原価・管理会計入門』中央経済社

園田智昭（2006）『シェアードサービスの管理会計』中央経済社

園田智昭（2017）『プラクティカル管理会計』中央経済社

園田智昭（編著）（2017）『企業グループの管理会計』中央経済社

園田智昭（2019）『Q&A 管理会計の最先端１―より深く学ぶためのアプローチ―』日本公認会計士協会出版局

園田智昭（2020）『Q&A 管理会計の最先端２―最先端を超えた超先端―』日本公認会計士協会出版局

廣本敏郎，挽文子（2015）『原価計算論　第３版』中央経済社

溝口一雄（1985）『最新例解原価計算　増補改訂版』中央経済社

門田安弘（2002）『原価計算　第２版』税務経理協会

山口操（編著）（2001）『エッセンス管理会計』中央経済社

山本浩二，小倉昇，尾畑裕，小菅正伸，中村博之（編著）（2008）『スタンダードテキスト管理会計論』中央経済社

索　引

た

な

は

ま

や

ら

《著者紹介》

園田　智昭（そのだ　ともあき）

慶應義塾大学商学部教授
博士（商学）［慶應義塾大学］，公認会計士
1986年　慶應義塾大学経済学部卒業
1989年　公認会計士第三次試験合格
1991年　慶應義塾大学大学院商学研究科博士課程経営学・会計学専攻単位取得
2006年　慶應義塾大学商学部教授，現在に至る
公認会計士試験試験委員（～2010年まで）
2009年　総務省契約監視会委員（現在に至る）
2019年　財務省第３入札等監視委員会委員（現在に至る）

〈主要著書〉
『シェアードサービスの管理会計』中央経済社，2006年
『イノベーションと事業再構築』（共著），慶應義塾大学出版会，2006年
『原価・管理会計入門』（共著），中央経済社，2010年
『プラクティカル管理会計』中央経済社，2017年
『企業グループの管理会計』（編著），中央経済社，2017年
『Q&A管理会計の最先端―より深く学ぶためのアプローチ―』日本公認会計士協会出版局，2019年
『Q&A管理会計の最先端２―最先端を超えた超先端―』日本公認会計士協会出版局，2020年

プラクティカル原価計算

2021年12月１日　第１版第１刷発行
2024年９月30日　第１版第２刷発行

著　者　園　田　智　昭
発行者　山　本　　継
発行所　㈱中央経済社
発売元　㈱中央経済グループパブリッシング

〒101-0051　東京都千代田区神田神保町１－35
電　話　03（3293）3371（編集代表）
03（3293）3381（営業代表）
https://www.chuokeizai.co.jp
印刷・製本／文唱堂印刷㈱

ISBN978-4-502-40391-0 C3034

本書の姉妹書：あわせてご活用ください

プラクティカル管理会計

園田 智昭 著

＜B5判・160頁＞

≪本書の特徴≫

❶本書は，管理会計の入門的な教科書であり，読者としては，初めて学習する学生と社会人の両者を対象としています。管理会計の理論を理解している実務家は，意外と少ないため，本書では，学習した理論を実務に役立てられるように，両者の橋渡しを意識した補足的な説明を行い，また実務にヒントを得た問題を作成しました。

❷本書の主要な読者は，授業で本書を使っている大学生になりますが，単に理論や計算を学習することで満足するのではなく，卒業後の仕事での利用を意識しつつ学習していただきたいとの思いから解説しています。

❸書籍の大きさをB5判にし，本文を140ページ程度に抑えました。また，講義を聴きながら書き込みができるように，余白を設けています。

❹One Point，Key Word，コラム（Focus）を多数設けて，ポイントを明確にして，さらに読者が興味を持って読めるように工夫しています。

❺章末の練習問題について，主に穴埋め→計算問題→説明問題→レポート用問題の構成により知識を定着させるとともに，思考力を養えるように工夫しています。また，解答欄も設けて解答しやすいようにしました。

❻本書は初学者を対象とした入門書ですが，実務でも利用可能な説明を含んでいますし，公認会計士の試験勉強のために使うこともできるなど，レベルが高めの内容も盛り込まれています。

≪Contents≫

第１章　管理会計とは
第２章　企業の組織形態と業績評価指標
第３章　原価の分類
第４章　CVP分析
第５章　差額原価収益分析
第６章　設備投資の意思決定
第７章　予算管理
第８章　BSCと非財務的指標
第９章　セグメント会計
第10章　製造原価の管理会計
第11章　販売費及び一般管理費の管理会計
第12章　貸借対照表項目の管理会計

中央経済社